어린이를 위한
도전

멈추지 않고  나아가는 힘

어린이를 위한
도전

글 김은의 그림 권송이

위즈덤하우스

추 천 의 글

목표는 희망이고, 그 과정은 도전입니다

    우리는 목표를 세우고 그 목표를 이루어가는 과정에서 성과에 따른 대가를 으레 생각하기 마련입니다. 처음에는 그 대가가 목표를 끝까지 이루어갈 수 있는 힘이 되어 줄 수 있겠지만, 결국 목표를 향해 나아가는 과정에서 최선을 다하는 자신의 모습을 발견할 때 끝까지 도달할 수 있는 힘을 얻게 됩니다. 그것이야말로 도전을 통해 얻을 수 있는 성취감과 자신감이 아닌가 생각합니다.

    목표는 희망이고, 그 과정은 도전입니다. 때로는 결과가 자신의 기대보다 한참 모자랄 때도 있지만, 끈질긴 인내와 멈추지 않는 도전 정신은 결국 우리를 성공으로 이끌어줍니다.

    《어린이를 위한 도전》은 주인공 호걸이의 도전기를 통해 도전 정신이 무엇인지, 도전하는 과정에서 무엇을 얻게 되는지 보여 줍니다. 결과 중심의 사회, 일등만을 인정하는 사회 속에서 주변 상황에 흔들리지 않고 묵묵히 최선을 다하는 호걸이의 모습은 어린이들에게 신선하게 다가올 것입니다. 더욱이 목표를 세우고 그 목표에 맞게 나아가는 모습이 얼마나 값지고 즐거운 일인지 깨닫게 해 줍니다.

　단순히 공부를 잘하고 시험 점수를 높게 받는 것보다 노력하는 과정에서 책임감과 도전 정신을 배울 수 있다는 점을 이 책의 곳곳에서 발견할 수 있습니다. 호걸이와 아빠가 서로 용기를 북돋워주며 성공에 이르기까지 손잡아 주는 따뜻한 이야기 속에 이런 귀중한 메시지가 담겨 있습니다. 또한 '공부해라, 일등해라' 잔소리하는 아빠와 이에 불만을 삼기 쉬운 아이의 모습이 아닌, 서로 끌어주고 밀어주는 부자지간의 모습을 보여주고 있습니다. 그 속에서 진정 본받아야 할 가족의 모습을 엿볼 수 있습니다.

　도전이란, 그 자체만으로도 충분히 흥분되고 해볼 만한 것입니다. 결과에 연연해하지 말고, 일등이 아니더라도 좌절하거나 쉽게 포기하지 않았으면 좋겠습니다. 도전하는 것만으로도 한 발짝 성장하고 지금보다 발전하는 자신의 모습을 찾을 수 있을 것입니다. 부딪히고 깨지는 과정 속에서 더욱 단단해지는 자신의 모습을 발견할 수 있을 것입니다. 이 책의 호걸이처럼요!

《꿈보다 먼저 뛰고 도전 앞에 당당하라》 저자 　한유정

차 례

추천의 글
목표는 희망이고, 그 과정은 도전입니다 | 4

mission 1
도전 목표 정하기

월급은 팍팍, 승진은 쑥쑥 | 10
믿고 싶지 않아 | 21
뜻밖의 선물 | 35
그래, 한번 해 보는 거야 | 48

mission 2
실패를 두려워하지 말기

시작하기 힘들어 | 62
멋지고 독특한 도전기 | 72
어쩔 수 없는 축구 시합 | 80

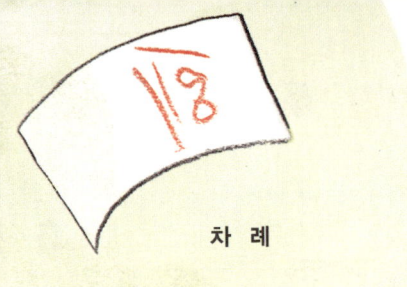

mission 3
중심을 잃지 말기

올백 프로젝트 | 94
5분 효과와 2분 효과 | 106
소망컵이 알려준 사실 | 120

mission 4
끝까지 긴장을 늦추지 말기

올백을 위해서라면 | 132
시험 보는 날 | 146
도전이 아름다운 이유 | 155

작가의 글
어렵고 힘든 일을 극복하는 힘, '도전' | 170

도전 목표 정하기

무언가에 도전해야 할 때, 또는 도전하고 싶을 때 가장 먼저 도전 목표를 정해요. 목표는 구체적으로 지킬 수 있는 범위 안에서 세우세요. 도중에 힘들어서 포기하면 안 되니까요. 그럼, 저와 함께 도전 목표를 세워 볼까요?

월급은 팍팍, 승진은 쑥쑥

사장님, 우리 아빠 일 좀 조금만 시켜 주세요.
그리고 우리 아빠 월급은 팍팍 올려 주시고, 승진은 쑥쑥 시켜 주세요.

"생일잔치 안 할 거면 생일 선물이라도 사러 가요!"

호걸이는 이불을 돌돌 감고 누워 있는 아빠를 흔들었다.

"호걸아, 제발 좀 봐줘라. 응?"

아빠는 위험을 느낀 거북이 등딱지 안으로 머리를 숨기듯 이불 안으로 숨어 버렸다. 그렇다고 호락호락하게 물러설 호걸이가 아니었다. 마음먹기까지가 어렵지, 한번 마음먹은 일은 기어이 해내고 마는 성미였다.

호걸이는 거북을 노리는 독수

리처럼 이불 밑동을 노려보았다. 꼼지락거리는 순간, 이불을 확 낚아챌 생각이었다. 그러나 한참이 지나도 이불은 꿈쩍하지 않았다. 기다리다 못한 호걸이가 소리쳤다.

"벌써 오후 두 시가 넘었다고요. 도대체 언제까지 이러고 있을 거예요?"

호걸이가 말하자, 아빠가 이불 안에서 중얼거렸다.

"그거야 나도 모르지. 생각이 정리되면 나오지 말라고 해도 나온다, 나와."

호걸이는 인상을 찌푸리며 되물었다.

"생각…… 이요?"

"그래, 생각……. 네가 회사 일이 얼마나 힘든지 몰라서 그렇지, 오늘 같

은 일요일에 생각을 정리하지 않으면 기회는 영영 물 건너가고 만다니까. 그러니까 좀 기다려."

호걸이는 아빠에게 말이 통하지 않자, 발을 쾅쾅 구르며 방을 나와 버렸다.

"쳇! 만날 회사만 중요하지. 아빠는 하나밖에 없는 아들 생일보다 회사가 더 중요하다니까."

밖에는 여전히 진눈깨비가 내리고 있었다.

"날씨까지 왜 이래? 눈이 올 거면 확실하게 올 것이지, 땅만 질 퍽하게 진눈깨비가 뭐야. 나가서 축구도 못하게."

호걸이는 툴툴거리며 텔레비전을 켰다. 오늘따라 호걸이가 좋아하는 프로그램은 어느 채널에서도 하지 않았다. 맛있는 거라도 먹으려고 냉장고로 다가갔다.

'이번에는 절대 그냥 넘어가지 않을 거야. 얼마나 기다린 생일인데…….'

냉장고 문을 열려고 하는데, 문에 쪽지가 붙어 있었다. 엄마가 시장에 가면서 붙여 놓은 것 같았다.

〈아빠가 요즘 회사 일 때문에 많이 힘드시니까 귀찮게 하지 말고 얌전히 책 읽고 있어.〉

호걸이는 콧방귀를 뀌었다.

"흥! 엄마까지 아빠 편만 들고……."

쪽지를 떼어내려는데 문득 기발한 생각이 떠올랐다.

'이야, 이거 정말 좋은 생각인데……. 왜 이제야 생각났지?'

호걸이는 방으로 들어가 책상 서랍을 뒤졌다.

"여기 있다."

명함은 책상 맨 위 서랍 수첩 속에 끼워져 있었다. 4학년 때 '회사에서 하는 일'을 조사할 때 받아둔 명함이었다. 아빠 회사는 금속제품을 만들어서 판매하는 회사인데, 주로 비행기나 헬리콥터에 쓰이는 금속제품을 만든다고 했다.

명함을 들여다보던 호걸이의 눈이 반짝 빛났다.

"오호, 역시 내 생각이 맞았어. 이게 메일 주소란 말이지."

호걸이는 벌떡 일어나서 컴퓨터를 켰다. 로그인을 한 다음, 메일 창을 열고 받는 사람 주소에 number1@jmc.com이라고 썼다.

"사장님한테 편지를 써야겠어. 아빠를 저렇게 내버려둘 수는 없어."

호걸이는 빙긋 웃으며 편지를 쓰기 시작했다.

받는 사람	number1@jmc.com
제목	안녕하세요, 저는 윤영민 씨의 아들 윤호걸입니다.

보내기

　안녕하세요, 사장님. 저는 사장님 회사 직원 윤영민 씨의 아들 윤호걸이라고 합니다. 이번에 소망초등학교 5학년이 된답니다.

　제가 얼굴도 모르는 사장님께 이렇게 메일을 보내는 이유는 드릴 말씀이 있기 때문입니다.

　제 생일은 2월 29일이에요. 드디어 며칠 있으면 제 생일이에요. 저는 생일이 무척 기다려지고 기대됩니다. 4년 만에 맞이하는 생일이니까요.

　그런데 아빠가 제 마음을 너무 몰라주십니다. 이유는 딱 하나! 피곤해서 쉬고 싶다는 겁니다. 아빠가 회사 일 때문에 많이 피곤하다는 사실을 사장님도 아셔야 할 것 같아요.

　우리 가족은 '신제품 개발'이라는 말을 제일 싫어합니다. 아빠 입에서 '신제품 개발'이라는 말이 나오기만 하면 그때부터 아빠 얼굴 보기가 힘들어지거든요. 그런데도 아빠는 개발부라서 그런지 신제품 개발을 너무 자주 하십니다.

　신제품 개발이 시작되면 아빠는 거의 날마다 야근을 하고, 주말에도 회사에 나가십니다. 다른 회사보다 더 빨리, 더 좋게 만

들어야 경쟁에서 밀리지 않는다면서요. 회사에서 돌아온 아빠를 보면 엄마는 항상 이렇게 말하세요.

"완전 파김치가 됐네, 파김치."

그래서 저는 파김치를 좋아하지 않아요. 딱 한 번 먹어 봤는데 콧속이 맵고 톡 쏘는 것이 마치 해파리에 물린 것 같았어요. 아빠도 회사 일이 그럴 것 같아요. 해파리에 물린 것처럼 퉁퉁 붓고, 콕콕 쑤시고……. 아빠가 힘이 덜 들게 신제품 개발은 조금씩만 해 주세요.

그리고 우리 아빠 월급은 팍팍 올려 주시고, 승진은 쑥쑥 시켜 주세요. 다른 아빠들은 승진도 잘한다던데 우리 아빠는 7년 동안 제자리예요.

엄마는 아빠 월급을 보고 쥐꼬리만 하대요. 쥐꼬리만 한 월급으로 먹고 살기 힘들대요. 아빠는 제가 일어나기도 전에 회사에 가서 밤늦게 돌아오시는데 월급이 너무 적은 것 같아요.

그리고 사장님, 우리 아빠 일 좀 조금만 시켜 주세요. 얼마나 피곤하면 쉬는 날마다 잠만 자려고 해요. 아빠 배가 불룩 튀어나온 것도 다 운동할 시간이 없기 때문이래요.

사장님께서 제 부탁을 들어 주시면 나중에 커서 근사한 선물 사 드릴게요. 꼭 제 소원 들어 주셔야 해요.

그럼 안녕히 계세요.

20××년 ×월 ×일 윤호걸 올림

보내기 버튼을 누르자, '메일을 성공적으로 보냈습니다.' 하는 메시지가 떴다.

"앗싸!"

호걸이는 엄지와 중지를 부딪쳐 '딱' 소리를 냈다. 그때 엄마가 부르는 소리가 들렸다.

"호걸아, 뭐 하니? 저녁 먹자."

"네, 엄마."

어느새 밖에는 어둠이 내리고 있었다. 메일을 쓰느라 시간 가는 줄도 몰랐던 것이다. 엄마가 식탁으로 찌개 냄비를 옮기다 말고 방에서 나오는 호걸이를 보고 물었다.

"뭘 하느라 엄마 들어온 것도 몰랐던 거야? 또 무슨 사고 친 거 아냐?"

호걸이는 입을 삐죽했지만 눈은 싱글싱글 웃고 있었다. 메일을 보내고 나니 꽉 막혔던 가슴이 뻥 뚫린 것처럼 속이 시원해서 저절로 웃음이 나왔다.

"엄마는……, 내가 만날 사고나 치고 다니는 애처럼 보여요?"

"그건 아니지만……, 넌 컴퓨터 앞에도 한 시간 이상 못 앉아 있잖아. 그런데 몇 시간 동안 방에서 꼼짝을 안 하니까 이상해서 그랬지."

엄마는 미안했던지 목소리가 한결 누그러졌다.

"뭐, 가끔은 그럴 때도 있는 거죠. 안 그래요?"

"그래, 말로는 내가 너한테 못 당한다, 못 당해."

엄마가 픽 웃었다. 그때 아빠가 부스스한 얼굴로 안방에서 나오며 기지개를 켰다.

"아아~ 뻐근해! 벌써 시간이 이렇게 됐나?"

엄마가 고개를 절레절레 흔들었다.

"아무리 피곤해도 그렇지, 허리도 안 아파요? 어떻게 하루 종일 잠만 자요. 밥도 안 먹고."

"그러게 말이야. 아무리 자도 결론이 안 나네, 결론이······."

아빠는 찌개를 조금 떠서 후루룩 맛을 보았다.

"이제 곧 결론이 날 거예요, 아빠."

호걸이의 말에 아빠 눈이 화등잔처럼 커졌다.

"뭐라고?"

호걸이는 아빠를 보며 한 자 한 자 또박또박 다시 말했다.

"이·제·곧·결·론·이·날·거·라·고·요."

엄마가 눈썹을 가운데로 모으며 물었다.

"뭐가?"

"뭐긴 뭐예요. 아빠 일이죠, 회사 일."

호걸이는 후르르 쩝쩝 소리를 내며 맛있게 밥을 먹기 시작했다. 엄마와 아빠는 호걸이가 무슨 말을 하는지 도무지 모르겠다는 표정을 지었다. 호걸이는 더 이상 아무 말도 할 수 없었다. 머릿속에 사장님이 메일을 읽는 장면이 떠올라 실실 웃음이 나왔기 때문이다.

"잘 먹었습니다."

호걸이는 숟가락을 놓자마자 방으로 들어왔다. 그리고 기대에 부푼 채 잠이 들었다.

날이 밝자마자 컴퓨터부터 켰다. 하지만 하루가 다 지나도록 답장이 오지 않았다.

'혹시 안 읽은 거 아냐?'

불안한 마음으로 수신 확인을 눌러 보았다. 역시 호걸이 생각이 맞았다. 사장님은 아직 메일을 열어 보지도 않았다.

"분명히 주소는 맞는데……."

호걸이는 실망을 감출 수 없었다.

드디어 2월 29일.

호걸이의 생일이 되었지만, 아빠는 밤늦게까지 들어오지 않았다. 또다시 신제품 개발이 시작되었다고 한다.

엄마가 맛있는 생크림 케이크를 만들었지만, 호걸이는 아빠가 오셔야 케이크를 먹겠다고 고집을 부렸다. 결국 케이크에는 불도 못 붙인 채 하루가 지나가고 말았다.

 # 믿고 싶지 않아

호걸이는 자기 귀를 의심했다. 한수다라니?
눈을 비비고 다시 보았다. 정말 옆집에 사는 수다가 맞았다.

 3월 2일, 5학년 첫날이 되었다. 하지만 호걸이는 학교 가는 게 그다지 즐겁지 않았다. 새 친구들과 새 선생님, 새 책, 새 교실……, 모두 전혀 기대되지 않았다. 오로지 몇 년 만에 돌아온 생일을 망친 것에 대한 불만이 남아 있을 뿐이었다.
 '축구화라도 받았으면 이렇게 비참하지는 않을 텐데. 학교 가서 자랑도 하고, 기념으로 축구도 하고.'
 그런 생각이 들자, 다시 메일이 떠올랐다.
 '아~ 답장이 와 있으면 얼마나 좋을까?'
 자리에서 일어나 컴퓨터를 켰다. 메일 창에 〈안 읽은 메일〉이

떠 있었다. 들뜬 마음에 재빨리 메일을 클릭했다.

〈신학기 50% 할인 행사〉

"뭐야, 이게!"

제목을 보는 순간, 힘이 쫙 빠졌다.

"아직까지 읽지 않았으면 안 되는데……."

마우스를 거칠게 움직여 수신 확인을 눌렀다.

"오예!"

수신 확인 표시를 보자마자 호걸이는

환호성을 내질렀다. 시계를 보니 바로 일 분 전에 메일을 열어 본 것 같았다.

엄마가 큰소리에 놀라 방문을 열며 물었다.

"호걸아, 왜 그래? 무슨 일 있니?"

"아니요, 아무 일 없어요."

호걸이는 얼른 메일 창을 닫았다. 엄마가 컴퓨터 앞에 앉아 있는 호걸이를 보고 얼굴을 찌푸렸다.

"너 혹시……, 아침부터 컴퓨터한 거야?"

호걸이가 고개를 저었지만, 엄마는 허리에 두 팔을 척 올려놓았다.

"어휴, 5학년 첫날인데 학교 갈 생각은 안 하고 어떻게 컴퓨터를 하고 있니?"

"그게 아니라니까요."

하지만 엄마는 호걸이의 말은 듣지도 않고 잔소리를 줄줄이 늘어놓았다.

"수다는 아침에 한 시간씩 공부하고 학교 간다더라. 그 정도는 못하더라도 최소한 학교 갈 준비는 하고 있어야지. 안 그래?"

"그래요, 엄마."

호걸이는 기분 좋게 대답하며 컴퓨터를 끄고 일어섰다. 이제 메일을 읽었으니 답장만 기다리면 된다. 엄마가 방에서 나가지 않고 그대로 서 있자, 호걸이가 엄마 등을 밀면서 말했다.

"엄마, 너무 걱정하지 마세요. 이제 저도 잘할게요. 그리고 아빠 일도 걱정 마세요. 곧 일찍 들어오게 될 거예요."

호걸이는 자신도 놀랄 만큼 자신있게 말이 흘러나왔다. 엄마는 호걸이가 무슨 말을 하는지 도무지 알 수 없다는 듯이 고개를 흔들더니 바로 뒤돌아서서 말했다.

"뭐, 아빠? 네가 무슨 아빠 걱정이야. 아빠 일은 아빠가 알아서 해. 그러니까 너는 아빠 걱정 말고 네 걱정이나 해. 이제 한 학년 더 올라갔으니 공부도 더 열심히 해야지."

호걸이는 얼른 엄마 곁을 지나쳐 화장실로 들어가면서 너스레를 떨었다.

"에이, 아빠 걱정을 내가 안 하면 누가 해요? 하나밖에 없는 아들인데. 엄마는 제 걱정 하지 말고 엄마 걱정이나 하세요."

"쟤가 점점……?"

엄마가 눈을 흘기며 부엌으로 들어갔다.

호걸이는 아침을 먹고 학교에 갔다. 교실에 들어서자, 아이들이 삼삼오오 모여서 떠들고 있었다. 남자 아이들은 축구를 잘하는 명철이와 현조를 중심으로 모였다.

"야, 축구짱 현조! 너도 우리 반이야?"

"그래, 명철아. 올해 소망컵은 이미 따놓은 거나 마찬가지 아니냐?"

"이야, 역시 너는 나랑 잘 통한다니까. 나도 너랑 내가 뭉치면 5학년 우승은 문제없다고 생각해."

"그렇지, 문제는 6학년인데……."

호걸이가 아이들 사이로 끼어들며 말했다.

"6학년이라고 벌써부터 겁먹을 건 없잖아. 우리가 잘하면 되지 않겠어?"

명철이가 소리쳤.

"호걸아, 너도 우리 반이야?"

호걸이가 고개를 끄덕이자, 명철이가 아이들을 둘러보며 엄지를 치켜세웠다.

"너희들 호걸이 골키퍼 실력 알지? 일명 '신의 손'이라고."

"신의 손! 정말 그 정도야? 그럼 정말 6학년하고도 한번 겨뤄 볼 만하겠는데. 호걸아, 우리 잘해 보자."

오렌지 주스 방귀

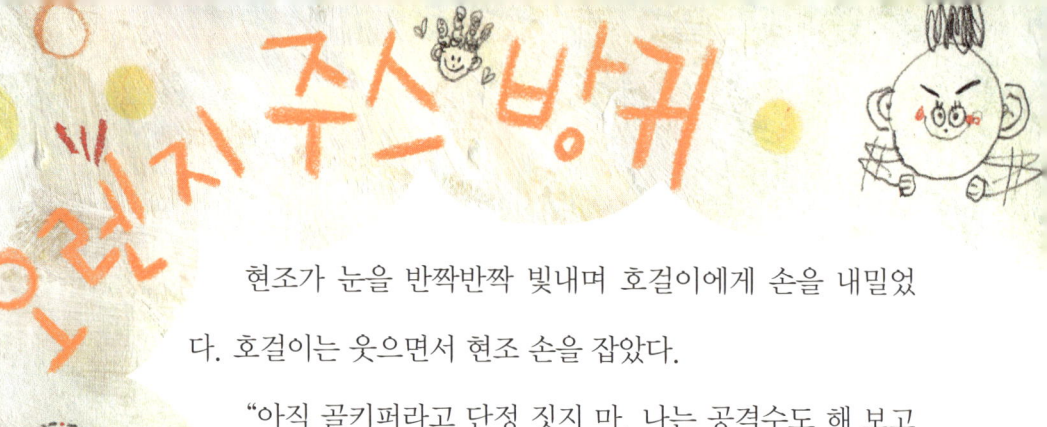

현조가 눈을 반짝반짝 빛내며 호걸이에게 손을 내밀었다. 호걸이는 웃으면서 현조 손을 잡았다.

"아직 골키퍼라고 단정 짓지 마. 나는 공격수도 해 보고 싶거든."

"그래, 그건 천천히 이야기하자."

호걸이와 현조가 손을 마주잡고 흔들 때였다. 어디선가 '뽕~' 하는 방귀 소리가 들렸다. 순간, 주변이 조용해졌다. 호걸이 옆에 있던 아이가 코를 움켜쥐면서 말했다.

"으, 냄새!"

아이들이 일제히 웃음을 터뜨렸다. 그러자 장난꾸러기로 유명한 우식이가 아이들을 하나하나 가리키면서 말했다.

"누가 뀌었어! 너야, 너야, 너야……?"

냄새 난다

　　아이들이 모두 고개를 흔들
자 우식이가 그럴 줄 알았다는 표정을
지으며 말했다.
　"우리 오렌지 주스 방귀 하자."
　아이들이 입을 모아 물었다.
　"오렌지 주스 방귀?"
　"응, 이렇게 하는 거야."
　우식이가 노래를 부르기 시작했다.
　"오렌지 주스 방귀 누가~ 뀌었나 네가 뀌었다, 내가 뀌었다, 싸우지 말고, 도~ 레~ 미~ 파~ 뽕~ 냄~ 새~ 난~ 다~ 픽! 마지막에 픽! 할 때 제일 많이 지목받은 사람을 범인으로 하는 거야. 어때, 재밌지?"
　"그래. 하자, 하자!"
　아이들이 목소리를 맞추어 오렌지 주스 방귀 노래를 불렀다.
　"오렌지 주스 방귀 누가~ 뀌었나 네가 뀌었다, 내가 뀌었다, 싸우지 말고, 도~ 레~ 미~

파~ 뽕~ 냄~ 새~ 난~ 다~ 픽!"

그런데 픽! 할 때 호걸이를 가리킨 아이들이 많았다. 호걸이는 두 손을 마구 내저으며 말했다.

"나 아니야, 난 안 뀌었어."

하지만 아이들은 막무가내였다.

"에이~ 뀌었으면서……. 얼굴 빨개진 것 좀 봐. 그냥 인정해."

그때였다. 우식이가 엉덩이를 오리궁둥이처럼 만들더니 호걸이가 있는 쪽에 대고는 "뽕!" 하고 방귀 뀌는 시늉을 했다. 그 모습을 보고 아이들이 배꼽을 잡고 웃었다. 호걸이는 얼굴이 더 빨개졌다.

"나 진짜 안 뀌었다니까."

우식이가 슬쩍슬쩍 뒷걸음을 치며 노래를 불렀다.

"냄새 난다, 픽! 냄새 난다, 픽!"

호걸이가 우식이를 잡으려고 했지만, 우식이는 책상 사이로 잘도 피해 다녔다. 호걸이는 약이 올라 우식이를 가로막고 있는 책상 위로 올라섰다.

"너, 잡으면 가만 안 둔다."

그때 벼락 같은 소리가 울려 퍼졌다.

"누가 지금 책상 위에 올라간 거야? 이리 나와!"

선생님은 단단히 화가 나 보였다. 아이들은 우당탕퉁탕 소리를 내며 금세 자리에 앉았다. 호걸이는 고개를 푹 숙이고 앞으로 나갔다. 선생님이 물었다.

"이름이 뭐야?"

"윤호걸이요."

"그래, 윤호걸. 너 첫날부터 이게 뭐 하는 짓이야!"

그러더니 선생님은 맨 앞자리를 가리키며 말했다.

"여기 앉아. 책상에 올라간 벌로 여기에 앉는다. 이 자리는 개구쟁이를 위한 특별석이다. 알겠나?"

"네."

호걸이는 고개를 푹 숙인 채 자리에 앉았다. 아이들이 웅성대는 소리가 들렸다.

"호걸이 불쌍하다. 그치?"

"응, 나는 남자 선생님 처음이야."

"나도. 조금 무서울 것 같긴 한데, 그래도 기대되지 않냐? 축구도 같이 할 수 있고."

호걸이도 남자 선생님은 처음이었다. 하지만 그렇게 무서워 보이지는 않았다. 꿀밤도 먹이지 않고 앞자리에 앉으라고 한 것만 봐도 알 수 있었다.

선생님은 아이들을 조용히 시킨 다음 출석부를 펼쳤다.

"자, 출석부터 부르고 시작하자. 이름을 부르면 큰소리로 대답하도록! 알겠나?"

"네!"

아이들이 대답하자, 선생님은 1번부터 차례대로 이름을 부르기 시작했다.

"고준석."

"예."

"김현조."

"예."

……

선생님은 남자 아이들을 다 부르고, 이어서 여자 아이들을 불렀다.

"강민주."

"예.

…….

"한수다."

"예."

호걸이는 자기 귀를 의심했다. 한수다라니? 안 돼! 비명이 나오려는 걸 겨우 참으며 대답 소리가 들리는 쪽으로 고개를 돌렸다. 둘째 분단 중간쯤에 수다가 앉아 있었다. 눈을 비비고 다시 보았다. 정말 옆집에 사는 수다가 맞았다.

아뿔싸, 이게 무슨 날벼락이람! 이마에 손을 올리는데 수다와 눈이 딱 마주치고 말았다. 수다가 뭘 보냐는 듯 쳐다보았다.

"으으~."

호걸이는 머리카락을 움켜쥐고 신음 소리를 내고 말았다. 선생님이 출석을 부르다 말고 호걸이를 보았다.

"윤호걸, 조용히 해."

호걸이는 눈을 꼭 감아 버렸다.

수다와 같은 반이었던 2학년 때 일이 선명하게 떠올랐다.

미술 시간이었다. 그때 선생님은 가장 친한 친구 얼굴을 그려 보라고 했다. 호걸이는 어렸을 때부터 친구였던 수다를 그렸다. 그때까지는 수다와 사이가 좋았다. 바로 옆집인데다가 엄마와 수다 엄마는 고등학교 때부터 친구 사이였다. 호걸이가 수다네 집으로 가기도 하고, 수다가 호걸이네 집으로 오기도 하면서 둘은 틈만 나면 같이 놀았다.

그림을 다 그리자, 선생님은 누구를 그렸는지 말해 보라고 했다. 호걸이는 그림을 들어 아이들에게 보여 주며 말했다.

"내 친구 한수다를 그렸습니다. 한수다는 예쁘고 착합니다."

그런데 어떤 아이가 키득키득 웃으며 말했다.

"수다 얼굴이 마귀할멈 같아."

그러자 누군가가 맞장구를 쳤다.

"맞아, 쪼글쪼글하고 못생긴 마귀할멈 같아."

아이들이 깔깔대고 웃자, 선생님이 아이들을 야단쳤다.

"친구를 놀리면 안 돼요. 그리고 이건 진짜 수다가 아니라 그림이에요."

하지만 선생님도 그림을 보고는 풋! 하고 웃음을 터뜨리고 말았다. 눈은 단추 구멍만 하고, 코는 벌렁코에, 입은 쭉 찢어져서 정말 우스웠다. 게다가 얼굴을 얼룩덜룩하게 칠해서 쭈글쭈글해 보이기까지 했다.

수다가 코를 벌름거리더니 급기야 "으헝~" 하고 울음을 터뜨렸다. 선생님은 수다를 달래고, 아이들은 미안하다고 사과했다. 그런데도 수다는 화를 풀지 않았다.

쉬는 시간이 되자, 호걸이는 수다에게 갔다.

"미안해, 수다야. 일부러 그렇게 그린 건 아니야."

하지만 수다는 호걸이를 무섭게 노려보며 씩씩댔다.

"저리 가. 너랑은 말도 하기 싫어."

그 뒤로 호걸이는 수다와 서먹서먹해졌다. 3학년, 4학년 때는 같은 반이 안 되어서 서로 부딪칠 일이 많지 않았다. 그런데도 수다는 어떻게 알아냈는지 호걸이 일이라면 무엇이든 사사건건 일러바치기 바빴다.

 그런데 이제 같은 반이 되었으니……, 맨 앞자리에 앉게 된 오늘 일도 엄마에게 전해지는 것은 시간 문제였다.

 호걸이는 눈앞이 캄캄했다. 앞으로 5학년 생활이 생각만 해도 끔찍했다.

뜻밖의 선물

호걸이는 가슴이 벅차올랐다.
이렇게 자신의 이름으로 된 택배를 받아 보는 것은 처음이었다.

호걸이가 학교에서 돌아오자 역시 엄마는 호통부터 쳤다.

"너는 왜 이제 오는 거야. 수다는 진작 왔던데. 그리고 너, 첫날부터 선생님한테 찍혀서 일 년 동안 어떻게 할래. 응?"

호걸이는 고개를 절레절레 흔들었다. 예상은 했지만 이렇게 소식이 빠를 줄은 몰랐다. 수다는 학교에서 집까지 날아서 가는 모양이었다. 호걸이도 바로 집으로 왔다. 아이들과 놀면서 천천히 걷긴 했지만 다른 곳에 들르지 않고 곧장 왔는데, 엄마는 그새 오늘 학교에서 있었던 일을 모두 알고 있었다.

호걸이는 길게 한숨을 내쉬며 식탁 의자에 앉았다.

"제발 수다와 비교하지 마세요. 그런 말 정말 싫어요."

"뭐라고? 그러니까 네가 잘하면 되지. 엄마도 그런 말 하고 싶어서 하는 줄 아니?"

호걸이는 더 이상 참을 수 없었다.

"엄마, 근우는 생일 선물로 휴대폰 받았대요. 주홍이는 게임팩 받았고요. 그런데 엄마는 생일 선물도 안 사 주고."

엄마가 버럭 화를 냈다.

"어머머! 갑자기 무슨 생일 선물 타령이야? 저번에 사 준다니까 필요없다고 할 때는 언제고."

호걸이가 눈을 감았다 뜨면서 천천히 말했다.

"엄마도 내가 다른 친구 엄마와 비교하니까 싫죠? 엄마가 싫은 것처럼 나도 수다와 비교하는 거 싫어요."

엄마는 눈썹을 가운데로 모으고 잠시 뭔가 생각하는 듯하더니 마침내 입을 열었다.

"좋아! 대신 조건이 있어."

호걸이가 눈을 반짝 빛내며 물었다.

"뭔데요?"

"다음 시험에서 수다보다 높은 점수 받으면 엄마가 다시는 수다 이야기 안 꺼낼게."

호걸이는 얼굴을 찌푸렸다. 역시 엄마는 못 말린다는 생각이 들었다. 망설이는 호걸이를 보며 엄마가 덧붙였다.

"호걸아, 엄마 소원이야. 딱 한 번이라도 좋으니까 수다보다 잘해 봐. 응? 다른 건 다 괜찮은데 공부 이야기만 나오면 엄마 자존심이 상한단 말이야. 학교 다닐 땐 수다 엄마가 엄마보다 공부 못했는데, 지금은 수다가 너보다 공부를 더 잘하니까 수다 엄마가 얼마나 자랑하는 줄 아니? 수다가 공부 잘하는 게 다 자기를 닮아서 그렇다는 거야. 그러니까 호걸이 네가……."

호걸이가 엄마 말을 끊었다.

"알았어요, 엄마. 그러니까 그만 하세요. 하지만 저는 수다보다 더 잘하기 위해 공부하지는 않을 거예요. 나는 나, 수다는 수다니까요."

엄마는 잠자코 호걸이를 보았다. 호걸이가 결심한 듯 다시 말했다.

"하지만 공부는 한번 해 볼게요. 엄마 소원이기도 하고, 사실 저도 잘하면 좋으니까요."

엄마 얼굴이 환해졌다.

"그래 그래, 우리 아들 잘 생각했어. 배고프다고 했지? 엄마가 얼른 만두 쪄 줄게."

엄마는 바로 만두 찔 준비를 했다. 호걸이가 물었다.

"그런데 엄마는 내가 공부를 얼마나 잘하기를 바라세요?"

엄마가 주스를 가지고 오며 말했다.

"그야 물론 올백 맞았으면 좋겠지. 중·고등학교에 올라가면 지금보다 훨씬 어렵고 과목 수도 많아져서 올백 맞기 더 어려워져. 그러니까 더 늦기 전에 올백 한번 맞아 봤으면 좋겠어."

호걸이는 눈을 크게 떴다.

"올백이라고요?"

"그래, 올백."

엄마는 아무렇지도 않게 말했다.

"올백 맞으면 다시는 수다 얘기 안 꺼낼게."

호걸이는 쉽게 대답할 수 없었다. 지금 실력으로는 어려울 것 같았기 때문이다. 국어와 사회는 어느 정도 자신이 있지만, 수학과 과학은 고개가 저절로 흔들어졌다. 특히 수학은 80점을 못 넘을 때도 많았다. 그런데 100점을 맞아야 한다니, 결코 쉬운 일이 아니었다.

엄마는 호걸이가 벌써 올백이라도 맞은 것처럼 콧노래를 흥얼거리며 만두를 가져왔다.

"엄마……."

"왜?"

"아니에요."

호걸이는 아랫입술을 깨물었다. 엄마의 기분이 너무 좋아 보여서 올백은 아무래도 힘들다는 말을 차마 꺼낼 수가 없었다.

호걸이가 만두를 다 먹고 일어서자, 엄마가 어깨를 토닥였다.

"자, 그럼 쉬면서 공부 계획 한번 세워 봐. 엄마는 주민센터에 잠깐 다녀올 테니까. 알았지?"

"네, 엄마."

호걸이는 대답을 하고 방으로 들어왔다. 머릿속이 복잡했다.

잠시 후, 엄마가 현관문을 열고 나가는 소리가 들렸다. 호걸이는 컴퓨터를 켰다. 사장님으로부터 답장이 와 있었다.

보내는 사람	J.M.C 대표 정도전
제목	호걸이에게

안녕? 나는 J.M.C 대표 정도전 사장이란다. 네 메일을 받고 깜짝 놀랐어. 이런 메일을 보낸 사람은 지금까지 한 명도 없었거든.

늦었지만 생일 축하하고, 5학년에 올라간 것도 축하해. 그래서 일일특급으로 작은 선물을 보냈어.

호걸이는 혹시 '수신제가치국평천하'라는 말의 뜻을 아니? 이건 '자신의 몸을 닦고 집안이 평안해야 나라가 평안하다'는 뜻이야. 나는 이 말을 좋아해서 많이 쓰는데, 회사원 한 사람 한 사람의 가정이 즐겁고 평안해야 회사 일도 잘된다는 거야. 그런데 호걸이처럼 불만을 갖는 사람이 생기면 회사에서 일을 하는 데 차질이 생길 수 있겠지?

우리 회사에서는 이번에 아주 특별한 제도를 만들었어. 회사에서 십 년 정도 근무한 직원들에게 스스로 도전 과제를 정해서 달성하게 하는 제도야. 스스로 프로젝트를 세우고, 일정 기간 동안 거기에 도달하도록 노력하는 거야. 그리고 그 과정을 도전기에 담아 제출하면 돼. 성공이냐 실패냐 하는 것보다 무엇에 도전했고, 도전 과정이 어떠했는지가 더 중요해.

도전 내용은 자유롭게 선택할 수 있어. 어렸을 때부터 해 보고 싶었지만, 용기를 내지 못했던 일이어도 좋고, 앞으로 살아갈 미래에 대한 비전이어도 좋아.

그런데 이 제도를 직원들의 자녀에게까지 확대하면 어떨까.' 하는 생각을 했단다. 호걸이도 참여해 보고 싶으면 도전기를 써서 제출해 보렴. 잘 쓰면 상패와 상품도 받을 수 있을 거야.

또 하고 싶은 말이나 궁금한 것 있으면 물어보렴.

안녕.

메일을 다 읽자마자, 딩동~ 초인종이 울렸다. 호걸이는 현관으로 얼른 달려 나갔다.

"택배 왔습니다."

문을 열자, 택배 아저씨가 말했다.

"윤호걸 씨 댁 맞죠?"

호걸이는 가슴이 벅차올랐다. 이렇게 자신의 이름으로 된 택배를 받아 보는 것은 처음이었다.

받는 사람 윤호걸

보낸 사람 (주) J.M.C 대표 정도전

상자를 뜯는 호걸이의 손이 가늘게 떨렸다.

"이야, 축구화다!"

호걸이는 좋아서 어쩔 줄 몰랐다. 축구화 위에는 예쁜 생일 축하 카드가 놓여 있었다.

〈호걸이의 열두 번째 생일을 진심으로 축하한다!
꿈을 갖고, 꿈을 향해 도전하는 호걸이가 되길 바라며…….〉

검정색 바탕에 초록색 번개 무늬가 있는 축구화였다. 호걸이가 무척 갖고 싶어 하던 스타일이었다. 호걸이 입이 귀에 걸렸다.
"사장님 진짜 멋지시다. 역시 메일 보내기 잘했어."
호걸이는 축구화를 꺼내 쪽 소리가 나게 입을 맞추었다. 그런데 자세히 보니 상자 아래에 공책 한 권이 들어 있었다.

두드려라. 그러면 열릴 것이다!

공책 표지에 글귀가 적혀 있었다. 호걸이는 고개를 갸웃하며 공책을 한 장 넘겼다.

도전_ 실패나 고난을 두려워하지 않고 부딪쳐 보는 정신

다음 장을 넘기자, 일기장처럼 날짜를 쓰는 칸이 있고, 그 옆에 짧은 메모가 있었다.

기회는 항상 도전하는 자에게 주어진다.

"아참, 메일……."

호걸이는 공책을 들고 컴퓨터 앞으로 다가가 다시 한번 메일을 꼼꼼히 읽었다.

"그러니까 이 공책에 도전기를 쓰라는 거네."

호걸이는 공책을 한 장씩 넘겨 보면서 곰곰이 생각해 보았다.

'정말 도전기를 한번 써 볼까?'

그런데 뭘 도전하지? 예전부터 해 보고 싶었던 것은 월드컵의 역사 외우기였다. 1930년에 개최된 제1회 우루과이 월드컵부터 2022년에 개최될 제22회 카타르 월드컵까지, 대회명과 우승국, 그리고 스타 선수까지 줄줄이 외우는 것이었다.

하지만 그걸로 도전기까지 쓰기에는 좀 시시하다는 생각이 들었다. 그건 하루에 한 개씩만 외워도 22일이면 다 외울 수 있다. 게다가 제7회까지는 이미 알고 있기도 했다.

그 다음으로 떠오른 것은 퍼즐 맞추기였다. 엄마는 언젠가 호걸이가 엉덩이를 바닥에 붙이고 앉아 있는 연습이 필요하다면서 세계지도 퍼즐을 사 주었다. 퍼즐 맞추기는 끈기가 많이 필요했다. 모양과 색깔이 비슷한 조각들을 뒤섞어 놓고, 한 조각 한 조각 맞춰 나가는 것이다. 하지만 생각만 해도 너무 지루할 것 같앗다. '오늘은 몇 조각 맞추었다.' 이런 내용으로만 도전기를 채울 수는 없지 않은가. 그렇다면…… 엄마가 말한 올백은 어떨까? 하지만 그건 실패할 확률이 너무 높았다. 한 문제도 틀려서는 안 되기 때문이다. 하지만 성공만 한다면 이보다 더 좋은 도전은 없을 것 같기도 했다. 누구보다 엄마가 가장 좋아할 것이고, 아빠는 '가문의 영광'이라고 말할 것이다. 그럼 자신감도 생기고, 친구들의 부러움도 한 몸에 받을 수 있다.

호걸이는 결심을 굳히려는 듯 눈을 크게 뜨고 공책의 제목을 소리 내어 읽었다.

"두드려라. 그러면 열릴 것이다!"

그리고 공책을 가슴에 꼭 끌어안았다.

"어려울수록 더 도전할 마음이 생기겠지.

그래, 일단 올백으로 도전해 보는 거야. 하다가 정 안 되면 다른 것을 찾아보지, 뭐."

호걸이는 기지개를 켜면서 자리에서 일어났다. 구름을 타고 하늘을 둥둥 나는 것처럼 기분이 좋아졌다.

 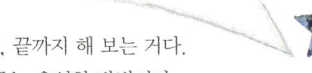

그래, 한번 해 보는 거야

올백! 도전 목표를 분명히 하고, 끝까지 해 보는 거다.
그게 수다 코를 납작하게 해 주는 유일한 방법이다.

과학 시간이었다. 오목렌즈와 볼록렌즈를 설명하던 선생님이 문제를 냈다.

"얼음으로 불을 붙일 수 있을까?"

아이들이 고개를 흔들며 한목소리로 대답했다.

"에이, 못해요. 어떻게 얼음으로 불을 붙여요?"

선생님은 칠판에 그림을 그려서 좀 더 자세히 설명했다. 오목렌즈는 렌즈를 통과한 빛이 넓게 퍼져 나가고, 볼록렌즈는 중심 쪽으로 꺾여 한 점에 모인다고 한다. 선생님이 다시 물었다.

"정말 얼음으로는 불을 붙이지 못할까?"

그때, 호걸이가 손을 들며 말했다.

"볼록한 얼음이라면 불을 붙일 수 있어요."

아이들이 웅성댔다.

"말도 안 돼. 어떻게 차가운 얼음으로 뜨거운 불을 붙여?"

"맞아, 얼음이 무슨 부싯돌이냐? 불을 붙이게."

선생님이 아이들을 조용히 시키고, 호걸이에게 어떻게 가능한지 설명해 보라고 했다. 호걸이는 칠판 앞으로 나가 볼록렌즈의 빛이 나아가는 방향을 가리키며 말했다.

"볼록렌즈는 이렇게 빛이 모이잖아요. 그러니까 볼록렌즈를 햇빛에 대고 검은 종이에 초점을 맞추면 연기가 피어오르면서 불이 붙어요. 그것처럼 볼록한 얼음을 햇빛에 대고 빛을 모으면 불을 붙일 수 있어요."

아이들이 "오우!" 하면서 감탄했다. 선생님이 활짝 웃으며 호걸이를 칭찬했다.

"이야, 호걸이 대단한걸. 볼록렌즈의 원리를 안다고 해도 그걸 응용하는 건 쉬운 일이 아닌데, 어떻게 그런 생각을 하게 됐지?"

호걸이는 머리를 긁적이며 부끄러운 듯 말했다.

"사실은 만화에서 보았어요. 돋보기로 담뱃불을 붙이는 괴짜

할아버지가 나오는 만화에서……."

아이들이 눈을 반짝이자, 선생님이 만화 이야기를 해 보라고 했다. 호걸이가 이야기를 시작했다.

해가 쨍쨍 내리쬐는 한낮이 되면 할아버지는 담배와 돋보기를 들고 마당으로 나갔어요. 그리고 돋보기를 햇빛에 대어 밝은 초점을 담배 끝에 맞추었어요. 한참 있으면 푸르스름한 연기가 모락모락 피어오르면서 담배에 불이 붙어요. 손자는 신기해서 할아버지가 담뱃불을 붙일 때마다 옆에서 지켜보았어요.

그러던 어느 겨울날, 할아버지가 손자에게 말했어요.

"얼음으로도 담뱃불을 붙일 수 있단다."

"어떻게요?"

할아버지는 밑이 둥근 대야에 맑은 물을 부어 바깥에 내놓으며 말했어요.

"얼음 렌즈를 만들면 되지. 그러려면 물을 바닥까지 꽁꽁 얼려야 해."

다음 날 아침이 되자, 대야 속의 물은 바닥까지 꽁꽁 얼어붙어 있었어요.

"자, 여기에 앉아서 보거라."

할아버지는 두 손으로 대야 속의 얼음을 꺼내 햇빛에 대어 담배 끝에 초점이 잘 맞도록 조절했어요. 한참이 지나자 담배에서 아지랑이 같은 연기가 모락모락 피어올랐어요. 그 모습을 본 손자는 말했어요.

"할아버지, 한 면은 판판하고 한 면은 볼록한 얼음 렌즈를 만든다면 북극이나 남극에서도 성냥 없이 불을 붙일 수 있겠네요?"

할아버지가 담배를 한 모금 빨며 대답했어요.

"그렇지, 햇빛과 장작만 있다면."

호걸이가 이야기를 마치자, 여기저기서 박수가 터져 나왔다. 선생님이 다시 한번 호걸이를 칭찬했다.

"호걸이가 책상 위나 올라가는 개구쟁이인 줄 알았는데, 이야기도 잘하고 아는 것도 많구나."

호걸이는 저절로 입이 벙긋해지며 웃음이 나왔다. 마음이 너무 들떠서였을까. 두리번거리다가 그만 수다와 눈이 마주치고 말았다. 수다는 입을 딱 붙이고 아니꼽다는 듯이 있다가 호걸이와 눈이 마주치자, 혀를 쏙 내밀어 메롱을 하고는 얼른 고개를 돌려 버렸다.

쉬는 시간이 되자, 명철이와 우식이를 비롯한 몇몇 아이들이 호걸이에게 모여 들었다.

"호걸아, 그 만화 제목이 뭐야?"

"나도 그 책 좀 빌려줘. 응? 금방 읽고 줄게."

"나도나도! 첫 번째 찜!"

그때, 수다가 아이들 사이를 지나치면서 불쑥 말했다.

"흥, 겨우 그까짓 것 가지고 으쓱하기는."

호걸이는 얼굴을 찌푸리며 수다를 향해 소리쳤다.

"뭐야?"

수다가 뒤돌아섰다.

"뭐긴 뭐야! 공부 시간에 대답 한번 잘한 것 가지고 으스대는 게 우습다는 거지. 사실 그런 건 누가 알아주지도 않잖아. 시험을 잘 봐야지. 하긴 넌 시험을 잘 본 적이 없으니까 그런 걸 알 턱이 없겠지만."

둘 사이에 팽팽한 긴장이 감돌았다. 호걸이는 주먹을 불끈 쥐고 씩씩거렸다.

"뭐야! 너 말 다 했어?"

교실 분위기가 찬물을 끼얹은 듯 조용해졌다. 몇몇 아이들은 고개를 끄덕이고, 몇몇 아이들은 입을 삐죽이며 자기 자리로 가서 앉았다. 우식이가 둘 사이에 끼어들며 말했다.

"야, 너희 둘 따로국밥 먹어 봤냐?"

아이들 눈이 일제히 우식이에게 쏠렸다. 우식이는 아이들 눈길을 의식하며 호들갑스럽게 말했다.

"내가 얼마 전에 할머니 댁에 갔다가 전국에서 알아주는 국밥집에 갔거든. 그런데 주문을 하면 주인이 주방에 대고, "따로 셋, 같이 넷." 이러는 거야. 아빠한테 그게 무슨 말이냐고 물어봤더니 '따로'는 국과 밥이 따로 나오는 거고, '같이'는 국에 밥이 말아져서 나온다는 거야. 할머니와 엄마는 '같이'를 시키고, 아빠와 나는 '따로'를 시켰어. 그런데 '따로'가 나오자마자, 아빠는 국물을 조금 떠서 후룩 맛을 보더니 국에 밥을 마는 거야. 그래서 왜 '따로'를 시켜서 같이 말아서 먹냐고 물어봤지. 그랬더니 아빠는 그래야 국밥 맛이 난다고 아무렇지 않게 대답하시는 거야. 그땐 아빠의 행동이 도무지 이해가 안 됐는데, 지금 호걸이와 수다를 보면서 그게 이해가 됐어."

아이들은 침을 꼴깍 삼켰다. 우식이 입에서 무슨 말이 나올까 무척 궁금한 표정들이었다. 우식이가 수다와 호걸이를 번갈아 보며 물었다.

"너희들은 무슨 뜻인지 알겠어?"

둘은 고개를 저었다.

그때 답답하다는 듯 명철이가 말했다.

"야, 이우식. 뜸 들이지 말고 빨리 말해. 곧 쉬는 시간 끝난단 말이야."

우식이가 거드름을 피우며 말했다.

"힌트는 '따로'나 '같이' 둘 다 똑같은 국밥이라는 거야. 단지 처음 나올 때 따로 나오느냐 같이 나오느냐의 차이만 있는 거지."

그때 띠리리리~ 수업종이 울리고 선생님이 들어오셨다. 아이들은 아쉬운 표정으로 각자 자리로 돌아가서 앉았다. 수업이 시작되었지만, 호걸이는 집중이 되지 않았다. 수다가 했던 말들이 계속 머릿속을 맴돌았기 때문이다.

'그런 건 누가 알아주지도 않잖아. 시험을 잘 봐야지…….'

호걸이는 생각을 떨쳐버리려고 머리를 세차게 흔들었다. 하지만 그러면 그럴수록 더욱더 꼬리에 꼬리를 물고 생각이 이어졌다. 수다는 마치 호걸이를 괴롭히려고 태어난 애 같았다. 쓸데없이 간섭하고, 사사건건 끼어들고, 아무 일이나 일러바치고, 게다가 이제는 무시하기까지 한다.

'이대로 그냥 넘어갈 수 없어. 본때를 보여 줘야지.'

호걸이는 주먹을 불끈 쥐었다. 그러자 우식이 말이 떠올랐다.

'힌트는 '따로'나 '같이' 둘 다 똑같은 국밥이라는 거지.'

"아~."

호걸이는 자기도 모르게 소리를 내고 말았다. 선생님이 호걸이를 보았다.

"윤호걸, 무슨 소리지? 칭찬을 들었으면 더욱 잘해야지. 수업 시간에 갑자기 그게 무슨 소리야?"

아이들이 와하하하 웃음을 터뜨렸다. 선생님이 다시 물었다.

"윤호걸, 무슨 생각했어?"

호걸이가 자리에서 일어나 말했다.

"예, 우식이가 낸 수수께끼를 풀었어요. '따로'나 '같이' 둘 다 똑같은 국밥인 것처럼 '발표'나 '시험' 둘 다 똑같은 공부라고요."

"오호!"

아이들이 감탄하자, 선생님도 고개를 끄덕였다. 우식이가 엄지를 치켜세워 호걸이에게 흔들었다. 선생님이 말했다.

"그렇지. 많이 알아야 발표도 하고, 시험도 잘 보는 거니까 그렇게 생각할 수도 있지. 하지만 그런 생각을 공부 시간에 하면 어떡해? 공부 시간에는 공부에 집중을 해야지."

호걸이는 선생님한테 야단을 들었지만 기분은 괜찮았다. 수다 말이 틀렸다고 생각하니 자신감이 생겼다. 아니까 발표도 하고, 이야기도 잘하는 거였다. 그리고 아는 게 많으면 시험도 잘 보는 거였다. 그렇다면 망설일 이유가 없는 것 같다. 올백! 도전 목표를 분명히 하고, 끝까지 해 보는 거다. 그게 수다 코를 납작하게 해 주는 유일한 방법이다.

쉬는 시간이 되자마자 호걸이가 수다에게 갔다.

"너, 나랑 한번 겨뤄 볼래?"

수다가 얼굴을 찌푸리며 천천히 자리에서 일어났다.

"뭘로?"

수다가 묻자, 호걸이가 당당하게 말했다.

"뭐긴 뭐야? 공부지."

"축구라면 몰라도 공부는 네가 불리할 텐데. 넌 내 상대가 아니야. 내 목표

는 항상 올백이거든. 물론 예전에 몇 번 맞아 본 적도 있고. 근데 넌 아니잖아."

호걸이는 입술을 앙다물었다. 가슴속에서 화가 불끈 치솟았지만 꾹 참았다. 일일이 대꾸를 해 보았자 입만 아플 것 같았다. 그것보다 할지 안 할지 빨리 결정하고 끝내고 싶었다.

"아무튼 할 거야, 안 할 거야?"

"하지 뭐. 나야 손해 볼 것 없으니까. 그런데 이기면 어떻게 되는데?"

"다음 시험에서 내가 올백을 맞으면 다시는 내 일에 끼어들지 않기. 특히 너네 엄마한테 내 이야기하지 않기."

"좋아, 대신 못 맞으면 내 마음대로 떠들고 다녀도 되지?"

"뭐, 뭐야?"

"그게 무서우면 하지 말든지."

수다가 팔짱을 끼며 혀를 쏙 내밀었다. 아이들의 눈길이 호걸이에게 쏠렸다. 호걸이가 못을 박듯이 분명하게 말했다.

"좋아, 너 그때 가서 다른 말 하지 마!"

우식이가 고개를 끄덕이며 둘 사이에 끼어들었다.

"수다가 절대 그럴 수는 없지. 증인이 이렇게 많은데……. 그리고 하나 더 추가하는 게 어때? 만약 둘 다 올백을 못 맞을 경우, 점수가 높은 사람이 이기는 걸로!"

수다와 호걸이가 동시에 대답했다.

"좋아!"

우식이가 고개를 끄덕이더니 아이들에게 물었다.

"얘들아, 우리는 떡볶이 내기 하자. 알림판에 '따로'와 '같이' 판을 만들어서 스티커를 붙이는 거야. '따로'는 수다한테 붙이고, '같이'는 호걸이한테 붙이고. 둘이 공부하는 것 보면서 시험 보기 전까지 옮겨 붙일 수도 있고. 그래서 시험 결과 나오면 진 편이 이긴 편한테 떡볶이를 사는 거야. 어때?"

"우와! 좋아, 좋아."

우식이의 말을 듣고 다들 신이 났다. 벌써부터 누구 편을 들 것인지 의견이 갈라지기 시작했다. 호걸이는 그런 아이들을 보며 마음을 다졌다.

'그래, 한번 해 보는 거야. 난 할 수 있어. 반드시 수다를 이길 수 있다고!'

실패를 두려워하지 말기

> 도전에는 반드시 어려움이 따라와요. 성공과 실패는 어려움을 극복하느냐, 못 하느냐에 달렸어요. 실패를 두려워하면 아무것도 이룰 수 없어요. 어려움을 잘 이겨 내려면 결과보다 도전 과정에 더 주력하세요.

 시작하기 힘들어

공부는 결코 쉬운 일이 아니었다.
하고 싶은 마음은 굴뚝같은데 무엇을 어떻게 해야 할지 알 수 없었다.

우식이가 칠판 옆에 만들어 놓은 알림판에 스티커가 붙기 시작했다. 아이들은 스티커에 자기 이름을 써서 '따로'나 '같이' 판에 붙였다. 스티커의 개수는 거의 비슷해 보였다. 호걸이와 수다의 태도를 보면서 진지하게 스티커를 붙이는 아이도 있었지만, 장난으로 '따로'에 붙였다 '같이'에 붙였다 하는 아이들도 있었다.

우식이가 알림판을 보며 엄지를 치켜세웠다.

"이야, 스티커 붙이기 시작하니까 실감난다. 그치?"

"맞아, 괜히 나까지 떨린다야."

명철이가 맞장구를 치면서 호걸이의 어깨를 툭 쳤다.

"호걸아, 잘해. 파이팅!"

교실은 스티커 이야기로 시끌시끌했다. 호걸이가 이길 거라느니, 수다가 이길 거라느니, 다들 입에 침을 튀기며 떠들었다. 호걸이는 아이들 사이에 끼려다 슬쩍 수다를 보았다. 수다는 자리에 앉아 책을 보고 있었다. 호걸이도 책을 펼쳤다.

집에 돌아오자마자 공부를 하려고 책상 앞에 앉았다. 하지만 공부는 결코 쉬운 일이 아니었다. 하고 싶은 마음은 굴뚝같은데 무엇을 어떻게 해야 할지 알 수 없었다. 어른들이 보통 말하듯이 예습과 복습을 철저히 하고, 공부 시간에 선생님 말씀을 잘 들으면 쉽게 공부를 잘 할 수 있을 거라 생각했다. 그런데 막상 책상 앞에 앉고 보니 생각보다 쉽지 않았다.

수학책을 봐도 어디서부터 어떻게 문제를 풀어야 할지 알 수 없었다. 국어책은 펼쳐 봤더니 거의 다 아는 내용 같았다. 사회나 과학은 교과서보다 관련된 책을 읽는 게 더 재미있을 것 같아서 봤더니 양이 너무 많았다. 이 책도 조금, 저 책도 조금, 책만 들었다 놓았다 하다가 결국 자리에서 일어나고 말았다.

"벌써부터 이러면 안 되는데······."

그런 생각을 하면서도 몸은 저절로 컴퓨터로 향했다.
"딱 한 판만 하는 거야. 이 정도쯤이야 괜찮겠지."
컴퓨터를 켜고 축구 게임을 하는데 평소와는 달리 집중이 되지 않았다. 손으로는 키보드를 두드렸지만 머릿속에서는 여러 가지 생각들이 뒤엉켰다.

'수다보다 잘하기 위해서가 아니라, 너 자신을 위해서 한번 해 보겠다더니 벌써 포기한 거야?'

엄마의 잔소리가 귓가를 맴돌더니 이번에는 수다의 비웃는 소리가 귓속을 파고들었다.

'공부로 나와 겨뤄 보자고? 큰소리 뻥뻥 치더니 꼴좋다! 네 실력으로는 어림없어. 괜히 시간 끌지 말고 일찌감치 포기하시지.'

호걸이한테 기대를 걸었던 아이들의 원망 소리도 들렸다.

'야, 윤호걸! 우리는 네가 꼭 해낼 줄 알았단 말이야. 괜히 너한테 스티커 붙였어.'

사장님도 한몫 거들고 나섰다.

'너한테 기대가 컸는데 실망이구나.'

호걸이는 고개를 세차게 흔들면서 축구 게임에서 빠져나왔다.

"안 돼. 그런 일이 일어나서는 절대 안 돼!"

마음을 다잡으며 컴퓨터를 끄려다가 혹시나 하는 생각에 메일을 열었다. 그런데 사장님한테 새로운 메일이 와 있었다. 가슴이 마구 뛰기 시작했다.

| 제목 | 호걸이에게 |

햇살은 따사로운데 바람이 꽤 차구나. 학교는 잘 다니고 있니?

이번 주에는 그동안 못 읽었던 책을 읽었어. 오래전부터 아무리 바쁘더라도 최소한 일주일에 한 권 정도는 책을 읽어야지 했는데, 이런저런 이유로 읽지 못했거든. 이제부터 일주일에 한 권씩 책을 읽으려고 해.

하루, 한 시간, 일 분, 일 초 이렇게 시간이 날 때마다 내가 정한 도전 목표를 되새기고 그 목표를 향해 끊임없이 노력할 거야. 성공은 그렇게 자신을 채찍질해 나가는 과정에서 기적처럼 이루어지는 거니까.

호걸이는 어떤 도전을 하려고 마음먹었을까? 궁금하네. 호걸이도 빨리 도전 목표를 세우고 스스로 채찍질을 하면서 잘 이루어나가길 바란다. 그럼 또 소식 전하마. 안녕.

호걸이는 메일을 읽고 또 읽었다. 바로 답장을 쓰고 싶었지만, 컴퓨터를 끄고 다시 책상 앞에 앉았다. 사장님에게 알려주기엔 아무것도 시작한 게 없는 것 같아 부끄러웠다.

"그래, 일단 시작부터 하고 보는 거야!"

도전기를 펼치자, 좋은 제목이 떠올랐다.

〈나는 오늘부터 '포기'라는 단어 대신 '도전'이라는 단어를 선택했다.〉

제목을 붙이고 나니 무슨 큰일이라도 해낸 것처럼 마음이 뿌듯했다. 이미 선택은 끝났다. 이제 선택을 성공으로 이끄는 일만 남았다. 그렇게 생각하자, 구체적인 계획들이 떠올랐다.

1. 하루 한 시간 이상 책상 앞에 앉아 공부한다.
2. 그날 배운 내용은 그날 다시 한번 읽어 보고, 다음에 무엇을 배울 것인지 살펴본다.
3. 수학은 교과서 외에 문제집을 두 페이지씩 푼다.

저녁을 먹고 다시 책상 앞에 앉았다. 계획한 대로 반드시 한 시간은 버텨야지 했는데, 공부에 집중을 하기에는 책상 위가 너무 어수선했다. 책들은 아무렇게나 깔려 있고, 연필과 지우개, 삼각자, 컴퍼스 같은 학용품들이 여기저기 널려 있었다. 게다가 먼지까지 잔뜩 쌓여 있었다.

"먼저 책상 정리부터 해야겠어."

걸레를 빨아서 먼지를 닦고, 책, 공책, 학용품을 가지런히 정리하고 나니 기분이 상쾌해졌다. 그런데 이번에는 방이 엉망이었다. 양말은 뒤집힌 채 굴러다니고, 바지는 훌러덩 벗어 던져져 있었다. 쓰레기통을 비우고, 옷을 정리하고, 바닥을 쓸고 닦고,

내친 김에 방 청소까지 깨끗하게 마무리를 지었다.

그때 거실에서 엄마 목소리가 들렸다.

"호걸이 아직도 공부하니? 이제 그만 잘 준비해야지."

호걸이는 깜짝 놀라 시계를 보았다. 벌써 열한 시가 넘었다. 그래도 자기 전에 도전기를 펼쳤다.

〈내일 내일 하지 마라. 내일은 끝없는 내일이다. 내일 속에 하루의 인생은 간다.〉

하흠……. 스르르 눈이 감겼다. 내일 내일 하지 말라지만 어쩔 수 없었다. 그래도 일단 청소는 해 놓았으니까……, 내일부터는 정말 계획대로 해낼 테니까……. 호걸이는 금세 곯아떨어졌다.

호걸이는 다음 날, 저녁을 먹자마자 다시 책상 앞에 앉았다. 어제 청소한 덕분에 책상이 깨끗하니까 기분이 좋았다. 시간표를 보면서 예습할 생각으로 사회책을 꺼냈다. 그런데 아직 공부는 시작도 안 했는데 코가 가려웠다. 코를 긁으면서 책장을 넘기는데 이번에는 오줌이 마려웠다. 화장실에 다녀와서 허리를 곧게 펴고 다시 책을 들었다.

"자, 지금부터 시작이야."

〈우리 조상들이 즐긴 음식〉, 먹음직스러운 사진과 함께 설명이 나왔다.

"꽃전은 계절감을 잘 나타내는 떡이다. 강남 갔던 제비가 돌아온다는 삼짇날에는 진달래꽃으로 떡을 예쁘게 만들었다."

소리 내어 설명을 읽는데 군침이 꼴깍 넘어갔다.

"아, 맛있겠다."

입맛을 쩝쩝 다시다 보니 목이 말랐다. 물을 마시려고 문을 열고 나왔는데 엄마가 화를 냈다.

"윤호걸, 이번에는 또 뭐야? 공부하겠다고 했으면 해야지, 책상 앞에 한참을 못 앉아 있고 그렇게 들락거리면 되겠니?"

호걸이가 볼멘소리를 냈다.

"목마르단 말이에요."

주말에 꽃전을 해 먹자고 말하고 싶었는데, 그 말은 꺼내지도 못하고 방으로 들어왔다.

멋지고 똑똑한 도전기

호걸이는 도전기가 생각나서 방으로 들어왔다.
그리고 흐뭇한 미소를 지으며 도전기를 펼쳤다.

일요일 오후, 아빠는 소파에 앉아 책을 읽었다. 호걸이는 그런 아빠의 모습이 익숙하지 않았다. 평소 같으면 이불을 돌돌 감고 누워 있을 시간인데……. 고개를 갸웃하며 아빠를 보았다. 아빠는 늘 술을 마시고 늦게 들어오거나, 어쩌다 빨리 와도 소파에 누워 TV만 보았다.

그런데 얼마 전부터 일찍 들어오는 날이 많아졌다. 술도 별로 안 마시고, TV 앞에 오래 앉아 있지도 않았다. 게다가 소파에 앉을 때 책을 들고 앉는 적이 많았다. 대부분은 몇 장 못 넘기고 잠이 들곤 했지만, 왠지 모르게 예전보다 표정이 밝고 환해진 느낌이 들었다.

'회사에서 무슨 일이 있었나? 아니면 사장님이 그렇게 하라고 시켰나?'

호걸이는 고개를 갸웃하며 아빠 옆으로 살짝 다가앉았다.

"아빠, 이상해요. 집에서 책을 다 읽으시고."

아빠가 천천히 고개를 돌려 빙그레 웃으며 호걸이를 보았다. 호걸이가 덧붙여 말했다.

"예전에는 일요일에도 회사 생각만 하셨잖아요. 그런데 책을 읽으니까 이상해요. 회사에 무슨 일 있으세요?"

"일은 무슨, 그런 거 없어."

아빠는 다시 책으로 눈을 돌렸다. 호걸이는 아무래도 믿어지지 않아 아빠를 찬찬히 보다가 자리에서 일어났다. 방으로 들어가 수학 문제집을 가지고 나와 물었다.

"아빠, 모르는 거 있으면 물어봐도 돼요?"

"그럼, 되고말고."

아빠는 책에서 눈도 떼지 않고 대답했다. 호걸이는 아빠를 뚫어져라 바라보았다. 아빠가 분명히 달라졌다. 평소 TV를 볼 때도 리모컨을 손에 쥐고 계속 채널을 돌리던 아빠가 책에서 눈을 떼지 않다니…….

호걸이가 막 문제집을 펴서 문제를 풀려고 할 때였다. 이번에는 아빠가 호걸이를 툭 건드렸다.

"그런데 호걸이 너도 축구하지 않고 공부할 생각을 다하고. 너야말로 학교에서 무슨 일 있는 거냐?"

"아무 일 없어요."

호걸이는 시치미를 뚝 뗐다. 엄마가 과일을 가지고 나오며 말했다.

"내가 당신한테 말 안 했나? 호걸이 이번에 올백에 도전하기로 했어요."

아빠가 아주 반가운 목소리로 "그래?" 하더니, 이상하다는 듯이 물었다.

"요즘은 학교에서 그런 것도 시키니? 우리 때는 그런 거 없었는데……."

"에이~ 아빠는……, 지금도 그런 거 없어요. 그냥 제가 선택한 거예요. 올백은 누구나 한 번쯤 도전해 보고 싶은 꿈이자 희망이잖아요."

엄마가 맞장구를 쳤다.

"모든 엄마들의 꿈과 희망이기도 하고요."

아빠가 코를 문지르며 말했다.

"으음, 그렇다면 올백은 이 윤영민의 아들 윤호걸한테 딱 어울리겠는걸."

이번에는 호걸이가 의아한 듯 물었다.

"아빠, 그게 무슨 말씀이세요?"

"아빠가 개발하는 신제품도 우리 회사의 꿈과 희망이거든."

엄마가 손사래를 쳤다.

"아유, 신제품 개발은 말도 꺼내지 마세요. 신제품 개발해 봤자 회사만 좋지, 우리한테 뭐가 좋아요. 개발하든 안 하든 월급은 만날 똑같은걸."

아빠는 목소리를 내리깔고 위엄 있게 말했다.

"신제품 개발을 돈으로 평가하지 마시오."

엄마 얼굴이 어두워지자, 아빠가 말끝을 흐리더니 얼른 말을 돌렸다.

"호걸이를 생각하자는 말이오. 이제 인생을 하나하나 배워 나가는 호걸이에게 돈을 떠나 자기가 해 보고 싶은 일에 도전하는 게 얼마나 의미 있는 일인지 알려주자는 말이오."

아빠는 호걸이에게 살짝 윙크를 보내고 나서 말을 이었다.

"호걸아, 도전을 두려워해서는 안 돼. 아직은 젊으니까 부딪쳐 보고 최선을 다해야지. 아빠가 신제품 개발에 도전할 때마다 느끼는 것은 말이야, 도전이 결코 힘든 것만은 아니라는 거야. 도전을 하다 보면 성공에 대한 기대감과 성공했을 때의 짜릿함을 맛볼 수 있어. 그건 안 해 본 사람은 절대 모른다, 너."

호걸이도 아빠와 똑같이 아빠에게 윙크를 보냈다.

"예, 아빠. 저도 그 기분 꼭 느껴 보고 싶어요."

그러자 아빠가 벌떡 일어나더니 두 손을 쫙 펴서 호걸이에게 내밀었다. 호걸이는 짝! 소리 나게 아빠와 하이파이브를 했다.

"공부를 하다 보면 어려운 일도 많을 거야. 아빠도 학교 다닐 때 꼭 시험 기간만 되면 책도 읽고 싶고, 운동도 하고 싶었어. 평소에는 하지 않던 일들이 자꾸 하고 싶어 안달이 났지."

"그럴 땐 어떻게 했어요?"

호걸이가 묻자, 엄마가 우쭐해하며 나섰다.

"그런 거라면 이 엄마한테 물어봐야지. 엄마는 '노력'이라는 두 글자를 책상 앞에 붙여 놓고 자나 깨나 노력했어. 너도 엄마처럼 그렇게 해 봐."

"글쎄요, 효과 없을 것 같은데요."

호걸이의 말에 아빠가 맞장구를 쳤다.

"아빠 생각에도 별 효과 없을 것 같구나. 아빠는 뭘 붙이지는 않았는데, 힘들 때마다 낙서를 하거나 일기를 썼던 것 같아."

아빠가 다시 책을 보기 시작했다. 호걸이는 도전기가 생각나서 씩 웃으며 방으로 들어왔다. 도전기는 '노력'을 써 붙였던 엄마나 일기를 썼던 아빠보다 훨씬 멋지고 독특한 방법이라고 생각했다. 호걸이는 흐뭇한 미소를 지으며 도전기를 펼쳤다.

 ## 호걸이의 도전기 1 　내가 자랑스러워

　오늘은 처음으로 하루 종일 TV나 만화책을 보지 않았다. 문구점 오락기 앞에서 얼쩡대며 시간을 낭비하지도 않았다. 잠깐 축구를 했지만, 시간 맞춰 집에 돌아왔다. 누가 이렇게 하라고 시켰으면 절대 하지 않았을 텐데, 스스로 결심한 일이라서 그런지 자신감도 생기고, 내 자신이 자랑스러웠다. 내일도 오늘처럼 할 거라고 장담은 할 수 없지만, 오늘과 같은 마음으로 끊임없이 노력할 것이다.

 도전 미션을 성공시키기 위한 나만의 방법

1. TV와 만화책을 멀리할 것. 정 보고 싶을 때는 하루에 한 시간씩 시간을 정해서 볼 것.
2. 결심이 흔들릴 때에는 수다가 져서 내 앞에서 무릎 꿇는 장면을 상상할 것.
3. 시간을 허비하지 말 것. 예전처럼 할 일 없을 때 뒹굴뒹굴 놀던 시간을 최대한 줄일 것.
4. 믿음이 없으면 의지도 약해지는 법. 반드시 할 수 있다는 믿음을 가질 것.
5. 스트레스가 쌓일 때에는 도전에 성공하면 벌어질 좋은 일들을 떠올릴 것.

어쩔 수 없는 축구 시합

수업이 끝나고 아이들과 함께 축구 연습을 시작했다.
하지만 축구 연습을 하는 내내 마음이 편치 않았다.

학교 홈페이지에 〈5월 5일 어린이날 기념 소망컵 축구대회〉 공고가 떴다. 소망컵은 소망초등학교 5학년과 6학년 반 대항 축구 대회로, 올해 제20회를 맞이하였다. 해마다 4월 1일부터 예선전을 시작하여 5월 4일이 되면 5학년 1등과 6학년 1등이 결승전을 벌인다. 교문에는 플래카드가 걸리고, 중앙 현관에는 일정을 알리는 포스터가 붙었다.

소망컵을 받은 반에는 박지성, 이운재, 차두리, 안정환 선수 등 월드컵 국가대표 선수의 사인이 있는 특별 축구공이 주어지고, 매주 수요일마다 운동장에서 마음 놓고 축구를 할 수 있는

혜택이 주어진다.

　5, 6학년 교실은 소망컵 소식으로 한껏 달아올랐다. 지금까지 대부분의 소망컵은 6학년이 받았지만, 호걸이네 반 아이들은 이번 소망컵에 기대가 컸다.

　미래의 국가대표를 꿈꾸는 현조가 있고, 현조와 손발이 척척 들어맞는 명철이가 있기 때문이었다. 게다가 발이 빠른 준석이와 우식이, 그리고 골키퍼의 일인자 호걸이가 있었다.

　체육 시간이 되자, 아이들은 선생님에게 자유 시간을 달라고 아우성을 쳤다. 선생님은 흔쾌히 허락했다.

　"대신 우리 반의 명예를 걸고 최선을 다해야 한다."

　"예!"

　아이들은 좋아서 펄쩍펄쩍 뛰었다. 호걸이는 그런 아이들을 부러운 눈으로 바라보았다.

　현조가 주장이 되고 명철이가 부주장이 되었다. 4학년 때 축구를 했던 경험과 각자의 의견을 반영하여 수비수와 공격수로 포지션을 정했다. 현조가 호걸이를 보며 물었다.

　"호걸아, 골키퍼는 네가 할 거지?"

　명철이가 호걸이의 어깨를 툭 치며 끼어들었다.

"당연하지. 우리 반 골키퍼는 호걸이밖에 없다니까. 내가 '신의 손'이라고 했잖아."

"그, 그게 말이야……."

호걸이가 머리를 긁적이며 말끝을 흐리자, 현조가 사정하듯 말했다.

"호걸아, 너 공격수 하고 싶다는 거 알아. 하지만 이건 그냥 축구가 아니라, 소망컵이잖아. 이번에는 네가 양보

하고 골키퍼 맡아 줘. 응?"

호걸이는 쉽게 대답을 못하고 우물쭈물했다. 올백에 대한 부담감과 수학 학원에 대한 걱정 때문이었다.

소망컵 예선전은 4월 내내 매주 수요일 오후 2시에 열린다. 그런데 우승을 하려면 날마다 학교에 남아 연습을 해야 한다. 연습을 하는데 골키퍼가 빠진다는 건 있을 수 없는 일이다. 게다가 골키퍼는 아무나 할 수 없다. 또 득점과 바로 연결되는 가장 중요한 역할이다.

그런데 호걸이는 엄마한테 말씀 드려 수학 학원까지 등록해 두었다. 수학이 가장 자신없었기 때문이다. 엄마는 기다렸다는 듯이 수다가 다니는 학원에 등록했다. 엄마는 수다가 그 학원에 다닌 뒤로 매번 시험을 볼 때마다 수학을 백 점 맞았다면서 내심 크게 기대하고 있었다.

"수학은 단시간 내에 성적이 오르지 않는다는 거 너도 알지? 열심히 해."

"예, 알겠어요."

"그리고 4학년 때처럼 많이 빠지면 안 돼. 그때처럼 한 달 만에 그만두지 마."

"걱정 마세요. 그때는 엄마가 시켜서 억지로 했지만, 지금은 제가 하고 싶다고 했잖아요. 엄마가 안 그래도 꼭 백 점 맞아야 해요. 꼭, 꼭, 꼭 백 점 맞아야 한단 말이에요."

"그래, 이번에는 네가 한 말도 있으니 다르겠지."

 호걸이의 시원스런 대답에 엄마는 무척 좋아했었다. 그런데 축구를 하려면 수학 학원을 빠져야 한다.

 호걸이가 한참 동안 생각에 빠져있는데 명철이가 호걸이를 흔들었다.

"호걸아, 그렇게 고민할 거 뭐 있어. 너도 축구 좋아하잖아. 하자, 응?"

 현조도 거들고 나섰다.

"그래, 호걸아. 우리 반에 골키퍼를 제대로 할 수 있는 애는 너밖에 없다는 거 알잖아."

 호걸이는 마지못해 대답했다.

"알았어, 한번 해 볼게."

 호걸이의 대답에 아이들이 좋아했다.

"그래, 호걸아. 너만 믿는다."

"호걸이 파이팅!"

호걸이는 수업이 끝나고 아이들과 함께 축구 연습을 시작했다. 하지만 축구 연습을 하는 내내 마음이 편치 않았다. 엄마한테 수학 학원에 대해 미리 말씀을 드려야 한다는 생각이 들었지만, 차마 입이 떨어지지 않았다.

마음이 불안해서인지 골을 막는 데도 정신이 집중되지 않았다. 첫날이라 그런지 두 시간 연습을 했을 뿐인데도 온몸에 힘이 쫙 빠진 느낌이 들었다.

집으로 돌아온 호걸이에게 엄마가 물었다.

"어디 갔다 이제 오니?"

"수학 학원에요."

호걸이는 얼떨결에 거짓말을 하고 방으로 들어왔다. 엄마가 곧바로 호걸이를 따라 들어왔다.

"너, 이제 엄마한테 거짓말까지 하니? 수학 학원 안 간 거 다 알고 물어본 거야."

"죄송해요, 엄마."

호걸이가 고개를 푹 숙이자, 엄마가 다시 물었다.

"학교에서 무슨 일 있었어? 안 하던 거짓말까지 하고……."

하지만 호걸이는 엄마 말이 귀에 들어오지 않았다. 그것보다 계획한 만큼 공부를 하지 못하면 어쩌나 하는 걱정이 더 컸다. 그때 엄마가 소리쳤다.

"왜 아무 말도 못하는 거야! 무슨 사고라도 친 거니?"

"아니에요, 아니라고요!"

호걸이는 버럭 소리를 지르고 나서 엄마를 보지 않으려고 고개를 돌렸다. 엄마가 자신의 마음을 너무 몰라준다는 생각이 들었다. 호걸이가 얼마나 고민하고 있는지, 그리고 얼마나 힘든지, 그런 생각은 하지도 않고 무슨 사고 친 게 아니냐며 의심까지 하고. 호걸이는 부루퉁한 얼굴로 퉁명스럽게 말했다.

"엄마, 공부를 잘해서 올백 맞고 싶은 건 엄마보다 제가 더 바라는 거라고요! 그런데……."

말을 하다 보니 눈물이 핑그르르 돌았다.

"우리 반의 명예가 걸린 축구 시합이라 거절할 수가 없었어요. 그래서……."

호걸이가 말을 잇지 못하자, 엄마가 잠시 턱을 받치고 생각하다가 입을 열었다.

"좀 있다 다시 이야기하자. 많이 배고프지? 얼른 들어가서 씻고 나와."

엄마 목소리가 한결 부드러워졌다. 호걸이는 화장실로 들어갔다. 그렇게 좋아하는 축구인데, 다른 때 같으면 반 대표 골키퍼라고 좋아서 방방 뛰었을 텐데, 지금은 오히려 골키퍼가 발목을 잡는 것 같아 그렇게 기분이 좋지 않았다.

호걸이가 골키퍼를 하게 된 과정을 엄마에게 털어놓자, 엄마는 수학 학원에 전화해서 저녁 시간으로 옮겨 주었다. 낮에는 축구 연습을 하고, 밤에는 수학 공부를 하기로 결정한 것이다. 엄마가 호걸이의 어깨를 두드리며 격려해 주었다.

"윤호걸, 할 수 있지? 엄마는 네 선택을 믿어."

호걸이는 저녁을 먹고 나자 피곤이 몰려왔지만, 책상 앞에 앉았다. 먼저 수학책과 문제집을 꺼냈다. 학원까지 빠진 만큼 혼자서라도 공부를 해야겠다는 생각에서였다. 기본 문제를 풀고 나자 응용 문제가 나왔다. 응용 문제는 복잡하고 까다로웠다. 한 번에 풀리는 문제가 거의 없었다. 두 번 세 번 심지어는 네 번까지 풀어야 답을 구할 수 있는 문제들이었다. 몇 문제 풀지도 못했는데 어느새 열 시가 넘었다.

　　오랜만에 축구를 해서 그런지 벌써부터 꾸벅꾸벅 졸렸다. 세수를 세 번이나 하고, 앉았다 일어났다 몸부림을 치면서 한 문제라도 더 풀려고 애를 썼지만 도무지 답이 나오지 않았다.

　　"어휴! 수학은 왜 이렇게 어려운 거야."

　　한숨을 쉬면서 도전기를 펼쳤다. 오늘 써야 할 주제는 '유혹'이었다.

　　"유혹?"

잠이 확 깨는 느낌이 들었다.

"잠이 나를 유혹한다 이거지?"

혼잣말을 하며 정확한 뜻을 알아보기 위해 〈국어사전〉을 찾아보았다.

유혹_ 남을 꾀어서 정신을 혼미하게 하거나 좋지 아니한 길로 이끎. 예문으로는 유혹에 넘어가다, 유혹에서 벗어나다, 유혹을 뿌리치다.

잠시 후, 호걸이는 도전기에 적혀 있는 글을 읽으며 글을 쓰기 시작했다.

〈실패를 두려워하지 마라. 도전은 그 자체만으로도 의미 있는 일이다.〉

글을 쓰다 보니 도전은 결과보다 과정이 더 중요하다는 생각이 들었다. 어렵고 힘든 과정을 거쳐야 진정한 도전이고, 승리인 것이다.

'만약 올백에 실패한다고 해도 후회하지 않을 거야. 이렇게 노력하는 것만으로도 내게는 큰 의미가 있을 테니까.'

그런 생각을 하고 나자, 축구도 공부 못지않게 잘해 보고 싶다는 생각이 들었다.

"그래, 한번 해 보는 거야. 올백도 맞고, 소망컵도 받고. 난 할 수 있어. 아자!"

호걸이의 도전기 2 — 오늘보다 더 나은 내일을 위하여

축구와 공부 둘 다 잘할 수 있는 방법은 없는 걸까? 축구를 하느라 수학 학원도 못 갔는데, 막상 공부를 하려고 책상 앞에 앉으니 잠이 쏟아졌다. 하지만 나는 꿋꿋하게 문제를 풀었다. 다른 때 같았으면 벌써 그만두고 말았겠지만 오늘은 그러지 않았다. 내 도전을 부끄럽게 만들고 싶지 않았기 때문이다. 축구할 때는 축구만 생각하고, 공부할 때는 공부만 생각하면서 오늘보다 더 나은 내일을 만들 것이다.

 도전 미션을 성공시키기 위한 나만의 방법

1. 각종 유혹에 넘어가지 말 것. 피곤하고 잠이 오더라도 한 번 더 해 볼 것.
2. 순간순간에 최선을 다할 것.
3. 잘 안 될수록 할 수 있다는 자신감을 가질 것.
4. 오늘 할 수 있는 일을 내일로 미루지 말 것.
5. 긍정적으로 생각할 것. 도전하는 사람은 멋진 사람이라는 걸 잊지 말 것.

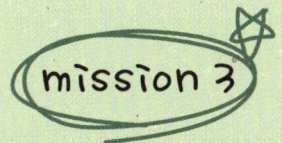

중심을 잃지 말기

도전은 전력 질주하는 단거리 달리기가 아니라, 속도를 조절하는 장거리 마라톤이에요. 앞서 간다 자만하지 말고 뒤쳐졌다 실망하지 말고 자신을 믿고 앞으로 나아가세요. 어느새 결승선에 다다를 거예요.

올백 프로젝트

과목별, 날짜별로 어떻게 공부할 것인지
세세하게 계획을 세웠다. 올백에 한 발 더 다가선 느낌이 들었다.

호걸이네 반은 5학년 예선전을 무사히 통과하여 6학년과 겨루게 되었다. 선수로 뛴 아이들의 어깨가 훌쩍 올라갔다. 선수가 아닌 아이들도 기쁨을 감추지 않았다. 입에 침이 마르도록 칭찬하며 결승전을 기대했다.

알림판에도 큰 변화가 생겼다. 호걸이의 집중력과 공부하는 태도가 아이들의 눈에 들어온 것이다.

"호걸이가 골 막는 거 봤지? 걔 요새 골 막는 것처럼 공부도 열심히 하더라."

"나도 봤어. 교실이 시끄러우니까 귀를 막고 하더라고. 대단하지 않냐?"

"맞아, 그 정도 집중력이면 올백도 가능할 것 같아."

이런 말들이 오가면서 '따로'가 '같이'로 옮겨갔다.

조회 시간에 선생님이 알림판을 보더니 빙그레 웃으며 말했다.

"음……. 기대가 되는군."

그러더니 칠판에 '18일'을 크게 썼다.

"이날이 무슨 날일까?"

아이들은 저마다 떠들었다.

"십팔 일."

"열여덟 일."

"선생님 생일."

"쉬는 날."

선생님은 모두 아니라고 고개를 젓더니 천천히 말했다.

"드디어 이 알림판의 스티커가 완성되는 날. 즉, 시험 보는 날이다. 알겠나?"

"아~."

아이들은 한숨인지, 감탄인지 모를 소리들을 내뱉었다.

"이제 15일 남았다. 축구처럼 공부도 즐겁고 신나게 잘할 수 있기를 바란다. 알겠나?"

선생님이 큰소리로 묻자, 아이들도 덩달아 큰소리로 대답했다.

"네에~."

호걸이는 속으로 선생님이 했던 말에 새로운 말을 만들어 붙여 보았다.

'이 알림판의 스티커가 완성되는 날, 그날은 나에게 최고의 날이 될 것이다. 아자!'

축구 연습이 피곤하긴 했지만, 집에 돌아와서는 꼼짝도 않고 방에 있었다. 몇 번의 시행착오를 겪은 끝에 공부를 시작하기 전에 화장실도 갔다 오고, 배부르게 먹고, 책상 정리도 다 해 놓고,

독한 마음으로 책상 앞에 앉기 시작했다.

하지만 공부는 축구만큼 집중이 잘 되지 않았다. 축구할 때는 공을 따라 몸이 휙휙 나는 느낌이 드는데 공부할 때는 자꾸 다른 생각이 들었다. 실패할까 봐 걱정도 되고, 이게 정말 잘하는 비결인지 의심도 들었다. 그냥 '잘하면 되지' 하고 마음을 잡아 보려 해도 그것만으로는 부족하다는 생각이 들었다.

국어책을 펴면 수학이 걱정되고, 수학책을 펴면 사회가 걱정되고, 사회책을 펴면 과학이 걱정되었다. 이것도 조금, 저것도 조금 책장만 넘기는데 아빠가 퇴근해서 돌아오셨다.

"호걸아, 무슨 걱정 있니?"

아빠의 한 마디에 호걸이는 눈물을 주르륵 흘리고 말았다.

"녀석, 힘들구나."

아빠가 한참 동안 호걸이의 어깨를 토닥였다. 이윽고 호걸이가 입을 열었다.

"자신이 없어요. 올백을 맞아야겠는데……, 기필코 꼭 해내야겠는데……, 공부가 잘 안 돼요. 어떻게 해야 할지 아직도 모르겠어요. 엄마한테 큰소리치고, 수다한테는 내기까지 걸었는데……."

"그래, 너도 나처럼 힘들구나. 아빠도 일찍 들어오고 싶고 책도 많이 읽고 싶은데 자꾸 생각지도 못한 일들이 생겨서 내 맘처럼 쉽지가 않다. 신제품에 이상이 생겨서 야근할 일이 생기고, 갑자기 친구 아버지가 돌아가셔서 간만에 일찍 들어오려고 해도 잘 안 되고……."

호걸이는 아빠도 자기 못지않게 힘들다는 사실을 깨닫고 위로해 주고 싶었다.

"아빠는 무슨 책이 읽고 싶어요?"

"이것저것. 시도 좋고, 경제나 철학도 좋고, 자기계발 책도 좋아. 무엇이든 많이 읽고 싶어."

호걸이가 이마를 만지며 생각하는 표정을 지었다.

"아빠, 제가 해 보니까 아무거나 다 하려고 하면 잘 안 되는 것 같아요. 오늘도 국어면 국어, 수학이면 수학, 이렇게 과목을 정해 놓고 한 과목만 했으면 좋았

을 텐데, 이것저것 다 하려다 아무것도 못하고 말았거든요. 마음은 급하고 시간은 없으니까 이 책 저 책 마구 뒤적이게 되더라고요."

아빠가 맞다며 고개를 크게 끄덕이자, 호걸이가 눈을 내리깔면서 심각한 표정으로 물었다.

"그러니까 딱 하나만 고르라면 아빠는 뭘 읽고 싶으세요?"

"그보다는……."

아빠가 말끝을 흐리며 얼버무렸다. 호걸이가 다그쳐 물었다.

"그보다는 뭐요?"

"아직 아무한테도 말하지 못했는데……."

아빠가 머리를 긁적이며 쑥스러운 표정을 짓다가 수첩 속에서 반으로 접힌 종이 한 장을 꺼냈다.

"이거 한번 읽어 볼래? 아빠가 20년 만에 쓴 시야."

1초

땡!
1초에 종이 치고

펑!
1초에 꽃이 피고

으앙!
1초에 아기가 태어나고

기다리는 시간은 길어도
결정의 순간은 짧다.

1초는 소중한 시간이다.

호걸이는 슬며시 웃음이 나왔다. 아빠는 항상 신제품 개발과 회사 일만 생각하는 줄 알았는데, 이런 시를 쓰다니 믿어지지 않았다. 시가 썩 마음에 들지는 않았지만, 아니 솔직히 말하면 전혀 시 같지 않았지만, 그런 마음은 싹 감추고 호들갑스럽게 말했다.

"아빠, 정말 멋있어요. 시인 같아요!"

아빠 얼굴이 아침 햇살처럼 환해졌다.

"정말? 정말 그렇게 생각하니?"

호걸이는 아빠가 그렇게 좋아하는 모습을 처음 보았다. 그래서

였을까, 생각지도 않은 말이 불쑥 튀어나왔다.

"이거 화장실 문 앞에 붙여 두면 어때요? 화장실 갈 때마다 보면 정신이 번쩍 들 것 같아요."

"정말?"

아빠는 당장 화장실 문 앞에 종이를 붙이고 돌아와서 활짝 웃었다.

"이야, 이거 기분 최고인걸!"

그러더니 호걸이 옆에 앉아 연습장을 펼쳐 놓고 말했다.

"호걸아, 아빠는 말이야. 회사에서 일할 때 어떤 문제가 생기면 분석부터 해."

"분석이라고요?"

"응, 문제라는 게 원래 복잡하게 얽혀 있잖아. 그걸 조각조각 나누어 보는 거야. 그럼 뭐가 문제인지, 어떻게 풀어야 할지 한눈에 보이는 경우가 많거든. 우리 호걸이 고민을 회사에서 일하는 방식으로 분석해 보면 어떨까?"

"우와, 재미있을 것 같아요."

호걸이가 좋아하자, 아빠는 연습장에 곧바로 〈윤호걸 올백 프로젝트〉라고 썼다. 그리고 호걸이와 함께 시험을 분석하기 시작했다.

윤호걸 올백 프로젝트

(1) 사실 발견

① 시험 날짜 : 5월 18일 금요일 오전 9:00~12:20

② 과목 : 국어, 수학, 사회, 과학

③ 각 과목마다 객관식 20문제, 주관식 5문제로 총 25문제

④ 공부할 수 있는 기간 : 5월 3일~5월 17일(15일간)

(2) 문제점 찾기

① 이번 중간고사에는 반드시 올백을 맞아야 한다. 지난 4학년 기말고사에는 국어 92점, 수학 76점, 사회 96점, 과학 84점을 맞았다.

② 수학과 과학에 자신이 없다. 다른 과목에 비해 재미도 없다.

③ 한 문제도 틀려서는 안 된다. 실수를 해서도 안 된다.

(3) 해결 방법

① 수학

- 수학책과 수학익힘책에 나와 있는 기본 문제부터 푼다.
- 어려운 문제는 반드시 체크해 두었다가 선생님께 물어봐서 알고 넘어간다.
- 남은 시험 기간 동안 반드시 하루 한 시간 이상 공부한다.

② 과학

- 교과서에 나와 있는 내용을 여러 번 읽고 이해한다.
- 교과서 외에 문제집 앞에 나와 있는 요점 정리와 참고 도서를 찾아 충분히 읽는다.
- 문제를 풀고 채점한 뒤 틀린 문제는 다시 한 번 공부한다.

③ 국어

- 교과서 내용을 빠짐없이 읽고 부족한 내용은 참고 도서를 활용한다.
- 공부 시간에 메모한 내용들을 다시 한번 읽고 정리한다.
- 소리 나는 대로 쓰기에 약하므로 시험에 나올 만한 낱말을 찾아 소리 나는 대로 쓰는 연습을 한다.
- 원고지 쓰는 법이나 띄어쓰기 문제가 나올 수도 있으니까 책을 읽을 때 띄어쓰기에 주의하면서 읽는다.

④ 사회

- 교과서를 중심으로 공부하고, 선생님이 나누어 준 프린트물도 꼼꼼하게 읽는다.
- 문제를 풀어 보면서 어떤 문제가 나올 것인지 예상해 본다.

"어때, 정리가 좀 되니?"

호걸이가 펄쩍 뛰어 아빠 목을 끌어안았다.

"네, 아빠. 고맙습니다. 이제 어떻게 공부해야 할지 좀 알 것 같아요."

"그래, 아빠도 고맙구나."

아빠도 호걸이를 꼭 안아 주었다. 아빠가 방에서 나가자 호걸이는 다시 공부 계획을 짰다. 과목별, 날짜별로 어떻게 공부할 것인지 세세하게 계획을 세웠다. 올백에 한 발 더 다가선 느낌이 들었다.

5분 효과와 2분 효과

호걸이는 다음 시간에 배울 책을 펼쳤다.
효과가 있든 없든 선생님이 말한 공부 비법을 따라해 보고 싶었다.

선생님이 쉬는 시간에도 책을 보고 있는 호걸이를 보더니 아이들에게 물었다.

"너희들, 내가 '공부 잘하는 비법' 알려줄까?"

"네에!"

기대에 찬 아이들이 크게 대답하자, 선생님이 웃으며 말했다.

"공부 잘하는 특별한 방법은 없어. 공부 시간에 열심히 하면 되는 거야."

실망한 아이들이 아우성을 쳤다.

"에이, 그런 게 어디 있어요?"

"뭐예요, 가르쳐 주세요."

선생님은 눈을 한 번 감았다 뜨더니 무슨 대단한 비밀이라도 털어놓을 것처럼 목소리를 낮추었다. 아이들은 조용히 귀를 기울였다.

"그건 바로 '5분 효과'야."

"5분 효과?"

몇몇 아이들이 되물었다. 선생님이 고개를 끄덕이며 말했다.

"5분 효과는 수업이 끝나기 5분 전의 수업 내용을 특별히 신경 써서 듣는 거야. 왜냐하면……."

선생님은 말을 끊고 잠시 아이들을 둘러보았다. 아이들의 눈이 반짝반짝 빛났다.

"수업이 끝나기 5분 전에 그 수업의 가장 중요한 핵심 내용을 정리하기 때문이지. 물론 끝부분만 잘 들으라는 말은 아니고, 처음부터 잘 들어야 하는 건 기본이야. 그리고 마지막에 핵심을 꼬집어 정리하면, 그 시간에 배운 내용을 정확하게 이해하고 넘어갈 수 있다는 말이지. 배운 거 다 까먹고 있다가 나중에 한꺼번에 하려면 힘들지만, 그때그때 해 두면 부담이 없잖아."

여기저기서 한숨 소리가 흘러나왔다. 호걸이도 숨을 깊이 들이마셨다가 길게 내쉬었다. 진짜 무슨 특별한 비법이라도 있는 줄 알고 잔뜩 기대하고 들었는데, 결국은 처음부터 끝까지 열심히 듣고 집중해야 한다는 말이었다. 선생님이 아이들의 눈치를 보며 덧붙였다.

"2분 효과도 있는데 들어 볼래?"

아이들은 눈살을 찌푸리면서도 싫다고 말하지 않았다. 그건 또 뭘까, 은근히 궁금한 표정을 한 아이도 있었다.

"2분 효과는 시작종이 치기 2분 전에 자리에 앉아 다음 시간에 무엇을 배울 것인지 미리 책을 보는 거야. 이 2분 효과와 5분 효과가 만나면 단 7분이지

만 엄청난 효과를 거둘 수 있어."

아이들은 드러내놓고 속았다는 표현을 했다.

"에이, 재미없어요. 차라리 공부나 해요."

누군가 말하자, 여기저기서 불평을 쏟아냈다.

"엉터리예요."

"우리가 무슨 공부하는 기계예요? 처음부터 끝까지 공부만 하라는 거잖아요."

선생님이 칠판을 두드려서 아이들을 조용히 시킨 다음, 한 마디로 정리했다.

"좋아, 믿고 안 믿고는 너희들 자유니까 알아서 해. 하지만 분명한 건 예습과 복습의 효과가 있다는 거야. 이건 내가 직접 경험을 통해 얻어 낸 방법이니까 믿어도 돼."

아이들은 볼을 부풀리며 툴툴댔다. 호걸이도 기분이 썩 좋지는 않았지만 '5분 효과', '2분 효과'는 참 멋진 말 같았다.

점심 시간이 시작되자, 남자아이들이 운동장으로 우르르 몰려 나갔다.

"야, 빨리 시작하자."

　　　　호걸이가 축구공을 뻥 찼다. 축구공이 하늘 높이 올라가자, 아이들은 서로 축구공을 뺏으려고 달려들었다. 호걸이는 골문 앞으로 달려가고, 아이들은 물 만난 물고기처럼 운동장을 누볐다. 호걸이는 한 골이라도 먹힐세라 잠시도 긴장을 늦추지 않고 날아오는 축구공에 집중했다.

　　명철이가 무서운 기세로 골문을 향해 돌진했다. 발이 빠른 준석이가 명철이를 따라잡았다. 명철이는 우식이에게 슬쩍 공을 넘겼다. 우식이가 왼발로 공을 걸어찼다.

그때 누군가 소리쳤다.

"야, 큰일 났어! 점심 시간 끝났나 봐."

호걸이는 순간, 공에서 눈을 뗐다.

"쉭!"

공은 호걸이 키를 살짝 넘어 골대 안으로 들어갔다. 정말 눈 깜짝할 사이였다. 그 짧은 순간에 골이라니, 믿어지지 않았다.

"골인! 골인……!"

우식이가 펄쩍펄쩍 뛰며 환호성을 질렀다. 하지만 아이들은 벌써 운동장을 빠져나가고 있었다. 호걸이는 안도의 한숨을 내쉬었다. 연습이었으니까 다행이지, 실제 시합이었으면 정말 큰일 날 뻔했다. 현조가 교실을 향해 뛰어가며 뒤로 돌아 소리쳤다.

"뭐 해, 빨리 와!"

우식이가 아쉬운 듯 "에이 씨~." 하고 발을 구르더니 아이들을 따라 달렸다. 호걸이도 공을 가지고 우식이 뒤를 따랐다.

선생님의 화난 목소리가 복도까지 들렸다.

"이 녀석들! 빨리 들어오지 못해!"

선생님은 늦은 아이들을 모두 앞으로 나오게 했다. 호걸이를 포함하여 모두 열두 명이었다.

"5분 효과를 활용하지는 못할망정 5분이나 늦어! 너희들이 공부 시간을 망치고 있잖아."

아이들이 고개를 푹 숙였다. 그런데 우식이가 볼을 부풀리며 볼멘소리를 했다.

"공부 시간이 축구 시간을 망치고 있는 것 같은데요."

호걸이는 속으로 '맞아.' 하고 맞장구를 쳤다. 다른 아이들도 같은 마음일 거라는 생각이 들었다. 선생님은 이맛살을 찌푸리며 우식이를 보았다.

"뭐야?"

우식이 얼굴이 빨개졌다.

"그렇잖아요, 제가 막 골을 넣는 순간이었는데……. 공부 시간만 아니었으면 정말 멋진 골이었는데……. 이런 기회는 쉽게 오는 게 아니라고요."

선생님이 어처구니없다는 듯이 우식이 얼굴을 찬찬히 보더니 이마에 꿀밤을 한 대 꽁 쥐어박으며 말했다.

"이우식, 공부를 그렇게 해 봐라. 축구할 때는 종소리도 못 듣는 녀석이 어째 공부할 때는 종소리만 들어?"

우식이가 이마를 문지르며 말했다.

"그러게요. 저도 그게 신기해요. 아무래도 축구가 공부보다 더 재미있어서 그런 것 같아요."

"녀석, 엉뚱하기는……."

선생님은 말을 하다 말고 골치가 아프다는 듯이 이마를 꾹꾹 눌렀다.

"빨리 들어가서 공부할 준비해!"

호걸이는 씩 웃음이 나왔다. 우식이가 대단하다는 생각이 들었다. 아무리 억울해도 선생님 앞에서는 제대로 말하기 힘든 법인데 우식이는 잘 말한다.

5교시가 끝나자, '같이' 판에 있던 스티커가 대부분 '따로' 판으로 옮겨갔다. 아이들은 호걸이가 수업 시간에 늦게 들어올 정도로 축구만 열심히 하고, 공부를 하지 않는다고 생각한 것 같았다. 호걸이가 골키퍼이고, 또 그 역할이 얼마나 중요한지 알면서도, 게다가 소망컵에 엄청난 기대를 걸고 있으면서도 평가에 있어서는 냉정했다.

호걸이는 스티커를 보면서 마음 졸이고 싶지 않아 알림판 쪽으로는 고개도 돌리지 않았다. 그러나 스티커 개수를 아는 데는 고개를 돌릴 필요가 없었다. 여자 아이들이 스티커에 대해 이러쿵저러쿵 떠들었기 때문이다.

"스티커가 겨우 여섯 개면 여섯 명이 떡볶이를 다 사야 하잖아. 걔네들 무슨 배짱이래. '따로'로 옮기지."

"그러게 말이야. 이러다 스티커가 한 개도 없게 되면 누가 사지? 그럼 떡볶이 못 먹는 거 아냐?"

"설마 한 명도 없겠냐. 같이 축구하는 애들은 호걸이 편을 들겠지."

그때 수다 목소리가 들렸다. 호걸이한테 들으라는 듯 큰소리로 말했다.

"그럼 호걸이가 사야지. 아니면 우식이와 둘이 사든지. 우식이가 내기 걸었으니까. 그리고 아까 선생님한테 말하는 것 봐. 정말 뻔뻔하지 않냐."

"정말 그러네."

여자 아이들이 깔깔거리며 좋아했다.

호걸이는 뒤돌아보지 않았다. 수다 말에 일일이 대꾸하고 싶지 않기도 했지만, 스티커 개수나 세면서 시간을 낭비하고 싶지 않았기 때문이다. 축구와 공부 둘 다 결코 만만치 않은 선택이었기에 최선을 다하고 싶었다.

호걸이는 다음 시간에 배울 책을 펼쳤다. 효과가 있든 없든 선생님이 말한 공부 비법을 따라해 보고 싶었다. 귀를 막고 선생님이 하신 말씀을 생각했다.

2분 효과 : 시작종이 치기 2분 전에는 반드시 자리에 앉아 다음 시간에 배울 내용을 훑어본다. 예습의 효과가 있다.

5분 효과 : 수업이 끝나기 5분 전에는 선생님 말씀에 더욱더 귀를 기울인다. 복습의 효과가 있다.

문득 축구에 5분 효과를 적용시키면 어떨까 하는 생각이 들었다. 종료를 앞두고 모두 지친 상태에서 기습적으로 파고든다면 골을 넣을 확률이 높아질 것 같았다.

호걸이는 집에 돌아오자마자 곧 쓰러질 것 같았다. 점심 시간에 축구를 한 데다 수업이 끝나고 두 시간 정도 연습을 하고 나니 완전히 지쳤다. 가방을 내려놓자마자 그대로 침대에 엎어졌다.

"엄마, 저 잠깐만 쉴게요."

엄마도 호걸이가 안쓰러웠는지 별 말 없이 그러라고 했다. 스르르 눈이 감겼다. 머릿속에서 두 마음이 싸움하기 시작했다.

'안 돼! 그대로 잠들면 안 돼.'

'무슨 소리야. 잠깐 눈만 붙이는 건데 왜 그래?'

'수학 학원 가야지. 잠들면 못 일어날 거야.'

'일어날 수 있어. 그리고 만약 못 일어나도 할 수 없어. 어차피 이 상태에서는 학원에 가도 공부 안 될 테니까. 푹 자고 내일부터 열심히 하는 게 나아.'

'내일이라고? 해 보지도 않고 미리 공부가 안 될 거라고 핑계를 대는 건 비겁해."

'핑계라고? 비겁하다고? 말도 안 돼.'

'…….'

'…….'

두 마음은 더 이상 싸울 수 없었다. 자신도 모르는 사이에 깊은 잠에 빠져 버렸기 때문이다. 엄마가 저녁을 먹으라고 깨워도, 씻고 자라고 깨워도 호걸이는 일어나지 못했다.

다음 날 아침 일곱 시가 되어서야 겨우 눈을 떴다.

"아흠, 잘 잤다. 지금이 몇 시야? 앗! 7시, 얼른 가야겠다."

호걸이는 재빨리 수학 학원 가방을 챙겨 나오며 소리쳤다.

"엄마, 저녁은 학원 갔다 와서 먹을게요."

엄마가 손에 물을 뚝뚝 흘리며 부엌에서 나왔다.

"애가……, 지금 몇 신데 학원이야."

"일곱 시요. 이러다 늦겠어요. 다녀올게요."

"아침 일곱 시야. 무슨 잠을 그렇게 자니? 얼른 학교 갈 준비해."

호걸이는 엄마 말이 믿어지지 않았다.

"그럼 제가 어제 오후 다섯 시부터 오늘 아침 일곱 시까지 열네 시간이나 잤단 말이에요? 말도 안 돼."

"그래, 이 녀석아!"

엄마가 어깨를 툭 치며 부엌으로 들어갔다. 호걸이는 얼른 화장실로 뛰어들어갔다. 잠을 많이 자서 그런지 몸과 마음이 가뿐했다.

"아자! 오늘도 파이팅!"

 ## 호걸이의 도전기 3 목표를 향해 끝까지!

오늘은 바쁜 날이 될 것 같다. 어제 못한 공부까지 다 해야 하기 때문이다. 하지만 잠을 푹 자서 그런지 기분은 좋다. 이 기분대로라면 뭐든지 다 할 수 있을 것 같다. 이제부터 오로지 내가 정한 도전 목표만 생각할 거다. 사람들이 생각하는 한계를 인정하지 않을 거다. 도전은 곧 한계를 극복하는 일이니까. 수학도 내 한계가 될 수 없다. 내가 축구를 좋아하니까 축구도 나를 좋아하는 것처럼 내가 수학을 좋아하면 수학도 나를 좋아할 것이다. 틀림없이!

도전 미션을 성공시키기 위한 나만의 방법

1. 지난 일을 후회하기보다는 앞으로 할 일을 생각할 것.
2. 초조해 하거나 걱정하지 말고, 도전을 즐길 것.
3. 다른 사람들의 말에 신경 쓰지 말고, 꿋꿋이 행동할 것.
4. 오늘 하루가 마음대로 잘 안 될 때에는 실망하지 말고, 다시 시작할 것.
5. 결심이 흔들릴 때는 "원해, 정말 원해, 정말 정말 원해!"라고 마음속으로 외칠 것.

소망컵이 알려준 사실

목표를 세우고, 그 목표를 향해 도전하는 일이 얼마나
큰 행복이고 기쁨인지 알 것 같았다. 소망컵이 그것을 알려주었다.

드디어 5월 4일, 소망컵 결승전이 열리는 날이 되었다. 운동장에는 만국기가 펄럭이고, 신나는 음악이 울려 퍼졌다. 결승전은 어린이날 기념행사를 마치고 전교생이 지켜보는 가운데 시작되었다. 예선전에서 각각 우승을 차지한 5학년 1반과 6학년 4반의 대결이었다.

휘슬이 울리자 경기는 바로 시작되었다. 호걸이네 반은 처음부터 6학년을 강하게 밀어붙였다. 경기가 시작되자마자 명철이가 왼발로 공을 높이 띄웠다. 그걸 현조가 헤딩으로 잡아내자, 우식이가 바로 치고 들어와 슛을 날렸다. 골대를 살짝 비켜 나가 골인으로 연결되지는 못했지만, 기선을 제압하는 데는 충분했다.

응원석에서는 화려한 응원전이 펼쳐졌다. 홀수 반은 청군, 짝수 반은 백군으로, 청군은 5학년을 응원하고, 백군은 6학년을 응원했다.

특히 호걸이네 반은 응원에 발을 벗고 나섰다. 반 전체 아이들이 빨간 티셔츠를 입고, 볼에 태극 마크를 붙였다. 응원부장을 맡은 수다는 아이들 앞에 서서 태극기를 흔들면서 목이 터져라 노래하고 춤을 추었다.

"오~ 필승 5학년! 오~ 필승 5학년! 오오레오레~."

6학년도 최고 학년답게 실력이 만만치 않았다. 거의 아웃이 될 뻔한 공을 살려내더니 골문까지 파고들었다. 이마 정면으로 헤딩 슛! 공은 아슬아슬하게 오른쪽 골대를 맞고 튕겨 나갔다. 숨 돌릴 틈도 없이 그걸 다시 받아서 왼발 슛! 호걸이는 몸을 날려 공을 밀어냈다.

경기는 한 치 앞도 내다보지 못할 정도로 치열했다. 슛의 개수, 골 점유율까지 엇비슷할 정도로 팽팽했다.

0:0으로 전반전이 끝나자, 현조가 아이들을 불러 모았다.

"공을 끝까지 따라가란 말이야, 끝까지! 내가 보니까 6학년은

패스에 약해. 그러니까 공을 빼앗기더라도 포기하지 말고 끝까지 따라붙어. 따라붙어서 허점을 노려. 알았지?"

아이들이 고개를 끄덕이자, 호걸이가 말했다.

"실수만 안 하면 돼. 마지막 순간까지 절대 흐트러지지 말고! 아자, 아자, 파이팅!"

아이들이 모두 손을 모았다.

"파이팅!"

후반전 역시 손에 땀을 쥐게 하는 경기였다. 호걸이는 온몸으로 공을 막았다. "골인! 골인!" 하는 함성이 여기저기서 터져 나올 정도로 정확한 골이 들어왔지만, 몸을 사리지 않았다. 슬라이딩으로 엎어지기도 하고 펄쩍 뛰어오르기도 하면서 한 골도 내주지 않았다.

준석이는 공을 따라 끝까지 달렸다. 우식이는 물귀신처럼 6학년 선수들 틈을 파고들었다. 우식이가 넘긴 공을 명철이가 헤딩으로 올려주고, 다시 현조가 헤딩으로 슛을 날렸다. 득점으로 바로 연결되지 못해 아쉽기는 했지만, 잠시도 긴장을 늦추지 못하게 하는 경기였다.

후반전이 거의 다 끝나갈 때까지 두 팀은 지칠 줄 모르고 달렸다. 그때 호걸이네 반 응원석에서 새로운 노래가 울려 퍼졌다.

"5분 효과~ 짝짝 짝짝짝! 5분 효과~ 짝짝 짝짝짝!"

담임선생님이 반 전체 아이들과 함께 어깨동무를 하고 노래를 불렀다.

모두들 5분 효과가 무슨 특별한 노래라도 되는 것처럼 신나게 불렀다. 노래는 바람을 타고 학교 전체로 퍼졌다. 다른 반 아이들은 5분 효과가 무슨 뜻인지도 모르면서 따라 불렀다. 5분 사이에 무언가 깜짝 놀랄 만한 일이 일어나길 바라는 표정들이었다.

그때였다. 명철이가 공을 잡아 헤딩으로 우식이에게 넘겼다. 우식이가 공을 뒤로 빼자, 준석이가 공을 잡아 현조에게 넘겼다. 현조가 왼발로 슛을 했지만 골대 맞고 튕겨 나왔다. 명철이가 다

시 6학년을 제치고 골문으로 파고들어 공을 슬쩍 현조에게 넘겼다. 그 공을 현조가 잡아 정확하게 왼발로 슛~!

"골인!"

마침내 일 대 영이 되자, 아이들의 함성이 운동장에 울려 퍼졌다. 바로 그때 6학년 아이 하나가 공을 잡더니 성난 황소처럼 내달렸다. 시간이 얼마 남지 않았기 때문인지 대부분의 아이들은 힘껏 달리지 않았다. 하지만 호걸이는 바짝 긴장하며 공에서 눈을 떼지 않았다. 골은 점심 시간이 끝날 때 우식이가 넣었던 골처럼 0.01초 만에도 들어갈 수 있었다.

운동장을 가로지르는 긴 패스를 골문 오른쪽에 있던 6학년 아이가 잡았다. 골을 넣을 수 있을 것인가. 순간, 아이들의 시선이 일제히 공으로 쏠렸다. 모두 숨을 죽였다.

공을 잡은 6학년 아이가 골문을 향해 슛을 했다. 호걸이는 공을 향해 몸을 날렸고, 슬라이딩으로 엎어지며 공을 막았다.

"아!"

아쉬운 탄성과 함께 경기 종료를 알리는 휘슬이 울렸다. 정말 아슬아슬했다. 호걸이의 몸이 골대에서 조금만 벗어났더라면 바로 골로 연결될 뻔했다.

호걸이네 반 아이들은 승리의 함성을 내지르며 서로 얼싸안았다. 선수로 뛴 아이들과 응원을 한 아이들 모두 하나가 되었다.

교장선생님은 소망컵이 생긴 이후 5학년이 우승한 것은 처음 있는 일이라며 칭찬을 아끼지 않았다. 덕분에 5학년 1반 아이들의 기쁨은 더욱 커졌다.

호걸이는 구름을 타고 두둥실 하늘을 나는 것처럼 신바람이 나서 집에 돌아왔다. 세상에 태어나서 이렇게 기분 좋은 날은 처음인 것 같았다. 현관문을 열자마자 소리를 질렀다.

"엄마, 엄마! 우리가 해냈어요. 해냈다고요!"

"정말? 너네 반이 6학년을 제치고 소망컵을 탄 거야?"

엄마가 부엌에서 달려나와 두 팔을 벌려 호걸이를 끌어안았다.

"네, 엄마. 그렇다니까요."

"이야, 대단한걸. 어쩜 그렇게 잘했어? 몇 대 몇으로 이겼어?"

엄마는 숨도 쉬지 않고 한꺼번에 물었다.

호걸이는 경기 처음부터 끝까지 주요 장면을 빼놓지 않고 침을 튀겨가며 설명했다. 엄마는 "그래? 이야~ 대단한네. 정말?" 하고 맞장구를 치면서 좋아했다. 그러다가 경기 종료 몇 초를 남겨

놓은 상황에서 공을 막아 냈다는 말을 듣고는 감격해서 호걸이의 손을 잡으며 말했다.

"오! 우리 아들 장하다. 엄마가 그 모습을 봤어야 했는데……."

"기회는 또 있을 거예요. 그때 더 멋진 모습 보여드릴게요."

"그래, 그래."

엄마가 활짝 웃으며 호걸이 어깨를 토닥였다.

호걸이가 씻고 나오자, 엄마는 간식을 준비해 놓고 기다리고 있었다.

"천천히 많이 먹어. 그리고 더 멋진 모습 보여 줘. 알았지?"

"넵!"

호걸이는 씩씩하게 대답하고 맛있게 간식을 먹었다. 그동안 연습하느라 힘겨웠던 순간들이 봄눈 녹듯이 스르르 사라졌다. 목표를 세우고, 그 목표를 향해 도전하는 일이 얼마나 큰 행복이고 기쁨인지 알 것 같았다. 소망컵이 그것을 알려 주었다. 미리 힘들 거라고 생각하고 시작조차 하지 않았다면 지금 이런 순간을 결코 느낄 수 없었을 것이다.

 ## 공부도 축구처럼 할 것

호걸이의 도전기 4

오늘 축구는 평생 잊지 못할 것 같다. 우리 반과 6학년의 실력은 누가 더 낫고 누가 더 부족하다고 말할 수 없을 정도였다. 그런데도 우리 반이 이길 수 있었던 것은 실수를 많이 하지 않았기 때문이다. 마지막에 내가 조금이라도 방심을 하거나 실수를 했다면 골을 내 주고 말았을 것이다. 공부도 축구처럼 해야겠다는 생각이 든다. 실수를 줄이고 정정당당하게 실력으로 겨룰 것이다. 올백은 내게 어렵고 힘든 도전이지만, 오늘 있었던 축구 시합을 생각하며 해내고 말 것이다.

 도전 미션을 성공시키기 위한 나만의 방법

1. 실수를 줄일 것. 실수하지 않도록 주의할 것.
2. 중요한 것부터 먼저 할 것. 숙제를 다해 놓으면 뭘 하든 마음이 편하지만, 안 해 놓으면 뭘 해도 마음이 불편하다.
3. 공부하기 싫을 때는 잠깐이라도 하고 싶은 것을 하며 놀 것.
4. 성과들을 하나하나 기록해 나갈 것.
5. 경쟁자를 잊을 것. 엄마나 수다 때문이 아니라, 나 자신을 위해 공부할 것.

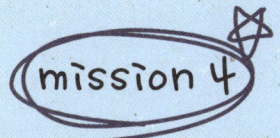

끝까지 긴장을 늦추지 말기

초심을 잃지 않고 처음 마음먹은 대로 끝까지 최선을 다하기란 쉽지 않아요. 마지막 순간까지 최선을 다하고 나면 실패해도 후회가 없답니다. 후회 없는 도전이란 어떤 건지 저, 호걸이가 보여 줄게요!

올백을 위해서라면

이번 시험 끝날 때까지 감시 좀 해 주세요.
꼼짝 없이 앉아서 공부할 수밖에 없게 만들어 주시라고요.

소망컵이 끝났지만 들뜬 분위기는 좀처럼 가라앉지 않았다. 아이들은 쉬는 시간이면 삼삼오오 모여서 상품으로 받은 축구공을 보느라 정신이 없었다. 축구공에는 약속대로 월드컵 국가대표 선수들이 했다는 사인이 들어 있었다. '소망초등학교 홧팅!'이라고 쓴 박지성 선수, 암호처럼 내용을 알아보기 힘들게 쓴 안정환 선수, 간단하게 이름만 쓴 이운재 선수, 그림을 그려 놓은 것 같은 차두리 선수의 사인 등 축구공에는 사인이 빼곡했다.

학교에는 이 사인이 진짜가 아니라는 소문이 돌았지만, 아이들에게는 그다지 중요하지 않았다. 소망컵과 사인이 있는 축구공

을 받았다는 게 중요했다. 선수로 뛴 아이들의 인기도 올라갔다. 더불어 호걸이의 인기도 올라갔다. 알림판의 스티커도 '같이'로 몰렸다.

수다가 알림판의 스티커를 보고 짜증을 냈다.

"이게 무슨 축구 내기야? 축구는 축구고 성적은 성적이지. 축구 이겼다고 스티커를 옮기는 게 어디 있어?"

몇몇 아이들이 호걸이 편을 들었다.

"우리도 알아. 하지만 이번에 보니까 호걸이는 공부도 잘할 것 같더라. 집중력이 있잖아. 공부는 집중력이야."

"그래, 그리고 요새 보니까 호걸이가 공부도 열심히 하는 것 같아. 그치?"

수다가 샐쭉해져서 말했다.

"그러다 너네들 떡볶이 값 날려도 난 몰라."

"걱정 마. 난 떡볶이 값 날려도 안 아까우니까."

"지면 할 수 없지 뭐. 하지만 아직은 누가 이길지 모르잖아. 수다 너, 너무 방심하는 거 아냐?"

수다는 자리로 돌아가 책상에 엎드려 버렸다.

"쳇, 어디 내가 이기기만 해 봐."

호걸이는 애써 못 들은 척 뒤돌아보지 않았다. 이럴 때는 맨 앞자리인 게 도움이 되었다. 수업 시간에도 다른 짓을 할 수 없고, 공부에 집중할 수 있어 좋았다.

2분 효과와 5분 효과는 크게 도움이 되었다.

2분 효과는 호걸이를 기대하게 만들었다. 시작종이 친 뒤에야 허겁지겁 자리에 앉아 책을 펼 때는 배가 부른데 또 밥을 먹어야 할 때처럼 싫기만 했다. 무슨 내용을 배울지 전혀 짐작이 안 가서 그저 듣기만 하느라 지루했다. 그런데 여유 있게 책을 펼쳐 보니까 배가 고픈데 마침 점심 시간이 될 때처럼 기분이 좋아졌다. 무슨 내용이 나올까 기대도 되고, 재미도 생겼다. 그렇게 공부를 하다 보니 선생님 말씀도 귀에 쏙쏙 들어왔다.

5분 효과는 핵심 내용을 파악하는 데 크게 도움을 주었다. 설명을 듣다 보면 다 중요한 것 같은데 마지막에 정리를 하고 나면 중요도가 구별되었다. 공부에 점점 자신감이 생겼다.

그러나 시간이 흐를수록 초조해지는 건 어쩔 수 없었다. 너무 걱정을 해서 그런가? 집에 돌아와 공부를 하려고 책상에 앉았는데, 갑자기 선생님이 말씀하신 '공부 잘하는 비법'과는 좀 다른 '올백 맞는 비법'이 따로 있을지도 모른다는 생각이 들었다. 공부를 잘하는 것은 어느 정도 수준 이상이면 되지만, 올백은 모두 백점을 맞아야 하니까 노력 이상의 어떤 힘이 필요할 것 같았다.

'그렇다면……, 그것부터 찾아내는 게 우선이지. 공부는 그 다음에 해도 늦지 않아. 그 비법대로 따라하면 되니까…….'

마음이 급해져서 얼른 컴퓨터를 켜고 인터넷을 검색하기 시작했다.

〈올백 맞는 비법〉

수많은 글들이 올라와 있었다.

"역시 올백은 나만의 꿈이 아니었어."

호걸이는 다시 한 번 얼마나 많은 아이들이 올백을 맞고 싶어 하는지 실감했다. 몰랐던 일도 아닌데 새삼스레 당황스러울 정도였다. 하지만 한편으로는 뿌듯하기도 했다. 모두의 꿈을 이루어 낼 수 있다면 그것만큼 자랑스러운 일도 없을 테니까.

호걸이는 떨리는 마음으로 웹 문서들을 열어 보았다.

비법1. 수업 시간에 선생님 말씀을 귀담아 듣는다. 정답은 거기에 있다.
비법2. 예습 복습을 철저히 한다. 그날 배운 것은 그날 해결하는 태도가 중요하다.
비법3. 교과서를 중심으로 공부하되, 문제집도 빼놓지 않고 풀어 본다.

이런 걸 비법이라고 올려놓다니, 실망스러웠다. 그래도 혹시나 하는 마음에 조금 더 살펴보았다.

공부에 왕도는 없다. 그냥 하면 된다. -왕서방-

잠을 많이 자고, 물을 많이 마셔라. 그래야 컨디션이 좋다. -천만보-

4당 5락. 4시간 자면 붙고, 5시간 자면 떨어진다. 잠을 줄여 공부하라. -최이락-

…….

"에이, 뭐 이래. 그러니까 올백 맞는 비법 같은 것은 사실상 없는 거네. 차라리 이럴 시간에 공부를 하는 게 낫지. 괜히 시간 낭비만 했잖아."

호걸이는 컴퓨터 화면을 눈으로 쭉 훑으며 창을 닫으려고 했다. 마우스 버튼을 누르려는데 〈비법이 눈에 보이겠는가?〉라는 제목이 눈에 띄었다. 제목이 독특해서 재빨리 클릭을 해 보았다.

〈비법이 눈에 보이겠는가?〉

비법은 어디에나 있습니다. 하지만 눈에 보이지 않습니다. 도전에 성공하느냐, 실패하느냐는 이 비법을 찾아내느냐, 찾지 못하느냐에 달려 있습니다. 솔직히 제 입으로 말하기는 좀 그렇지만 제 비법을 알려드리겠습니다. 일명 '문어 비법'입니다.

예전에 박물관에서 일할 때 있었던 일이다. 바다에서 희귀한 물고기를 잡아 도시 중심에 있는 박물관으로 옮기려고 했다. 그런데 바다에서 박물관까지의 거리가 너무 멀었다. 첨단기능을 장치한 수족관에 물고기를 담아 기차로 실어 날랐지만, 물고기는 한 마리도 살지 못하고 모두 죽었다. 기차로 옮기는 시간이 너무 길었기 때문이다. 몇 번을 해 보았지만 결과는 마찬가지였다.

그러던 중 이 사실을 안 어떤 어부가 문어 한 마리를 수족관에 집어넣으라고 했다. 사람들은 어부를 비웃었다. 그렇지 않아도 죽어가는 물고기들 옆에 천적인 문어를 놓으면 어쩌냐는 것이다. 그러나 다른 방법이 없었기에 한번 시도해 보았다. 결과는 대성공이었다. 박물관에 도착한 물고기들은 팔팔하게 살아 있었다.

저는 이 글을 읽는 순간, '아하!' 하며 무릎을 쳤습니다. 제 계획은 첨단기능을 장치한 수족관 속 물고기와 같았던 것입니다. 편안하고 안전하지만 따분하고 지루한 수족관, 그게 죽음의 원인이었던 것입니다. 그러나 수족관에 천적인 문어를 넣자 상황은 달라집니다. 문어가 잡아먹으려고 쫓아오니까 죽기 살기로 도망칩니다. 다른 생각을 할 틈이 없습니다. 까딱 잘못하면 잡아먹힐 테니까요.

도전에 성공하고 싶습니까? 그렇다면 문어처럼 자기만의 비법을 찾으세요. 눈에 보이지는 않지만 반드시 비법은 있습니다.

호걸이는 글을 다 읽자마자 얼굴이 환해졌다.

"이거 진짜 재미있네. 결과적으로 천적인 문어가 물고기를 살린 셈이잖아."

컴퓨터를 끄고 일어서는데 아빠가 퇴근해서 돌아오셨다. 호걸이는 얼른 나가서 인사했다.

"아빠, 안녕히 다녀오셨어요?"

"그래, 우리 호걸이. 오늘도 잘 지냈니?"

아빠가 기분 좋게 머리를 헝클어뜨렸다. 호걸이는 씩 웃으며 아빠를 보았다. 그때 엄마가 말했다.

"호걸이는 얼른 가서 공부 마저 해."

"예."

호걸이가 대답을 하고 돌아서는데, 아빠가 방으로 들어가며 엄마한테 한 마디 했다.

"당신 요즘 너무 호걸이를 닦달하는 거 아냐. 애들이 놀기도 하고, 쉬기도 해야지, 어떻게 공부만 할 수 있나?"

"당신이 몰라서 하는 소리예요. 호걸이 지금까지 컴퓨터 했어요. 공부는 아직 시작도 안 했다고요!"

호걸이는 그만 화가 났다. 엄마는 호걸이 방을 엿보았던 것처럼 컴퓨터 한 것을 알고 있었다. 게다가 그걸 바로 아빠한테 일러바치다니, 엄마는 정말 해도해도 너무하다는 생각이 들었다. 호걸이는 참다 못해 안방에 대고 소리쳤다.

"엄마, 정말 너무해."

"얼른 공부 시작하지 않고 뭐 하는 거니? 그러다 올백은커녕 80점도 못 맞겠다."

호걸이는 속이 뒤집어지는 것 같아서 문을 꽝 닫고 들어왔다.

"엄마가 아니라 원수야, 원수. 못 잡아먹어 안달이 난 원수, 잡아먹지 못하면 괴롭히기라도 해야 직성이 풀리는 원수……."

문에 기대고 서서 엄마를 원망하는데 문득 수족관 속의 물고기가 떠올랐다. 물고기도 분명히 문어를 욕했을 거라는 생각이 들었다. 자기를 잡아먹으려고 쫓아다니니까. '저 문어만 없다면 얼마나 편하고 좋아.' 하면서 '원수야, 원수'라고 했을 것 같았다. 사실은 문어 덕분에 살 수 있었던 건데……, 그것도 모르고 도망 다니는 것만 생각하고…….

생각이 거기에 이르자, 망설이지 않고 엄마를 불렀다.

"엄마 엄마, 잠깐만 나와 보세요."

"하라는 공부는 안 하고 또 무슨 일이야?"

엄마가 퉁명스럽게 대꾸를 하며 방에서 나왔다.

"잠깐만 앉아 보세요, 엄마."

엄마가 소파에 앉자 호걸이는 엄마 옆에 바짝 붙어 앉았다. 아빠가 옷을 갈아입고 나와 엄마 옆에 앉았다.

"무슨 일이야? 얼른 말하고 들어가."

엄마는 여전히 쌀쌀맞게 말했다. 그때 아빠가 끼어들었다.

"괜찮아, 하고 싶은 말 있으면 천천히 다 말해. 아빠가 들어 줄 테니까."

호걸이가 결심한 듯 침을 한 번 꿀꺽 삼키고 나서 입을 열었다.

"엄마, 저 이번 시험 끝날 때까지 감시 좀 해 주세요."

"뭐라고?"

엄마 아빠 눈이 휘둥그레졌다.

"말 그대로 감시 좀 해 달라고요. 제가 꼼짝 없이 앉아서 공부할 수밖에 없게 만들어 주시라고요."

엄마는 턱을 괴며 눈썹을 가운데로 모았다. 호걸이가 무슨 말을 하고 있는지 도무지 모르겠다는 표정이 역력했다. 호걸이가 다시 말했다.

"엄마도 제가 올백 맞기를 바라잖아요."

엄마가 호걸이를 빤히 보며 고개를 끄덕였다.

"그렇지."

"그러니까 올백을 맞을 수 있도록 도와달라는 거예요. 한눈 팔면 정신 바짝 차리게 꿀밤이라도 한 대 때려 주시고, 잠깐이라도 졸면 "네 이놈!" 하고 큰소리도 쳐 주시고, 그날그날 공부해야 할 분량만큼 다 했는지 검사도 해 주시고……."

엄마가 고개를 갸웃하며 물었다.

"너, 그거 진심이야?"

"그럼요, 엄마. 해 주실 거죠?"

아빠가 고개를 끄덕이며 혼잣말처럼 중얼거렸다.

"으음, 그것 참 괜찮네. 긴장을 유지하는 데는 그만한 방법이 없겠는걸. 네 엄마가 또 그런 일에는 고수잖니."

"그렇죠, 아빠. 괜찮죠?"

호걸이가 좋아서 아빠 코앞으로 얼굴을 들이미는데 엄마가 상황 파악이 끝났다는 듯이 대번에 야단을 쳤다.

"윤호걸, 얼른 들어가지 못해! 벌써 열 시가 다 되어 가는데 언제 공부하고 잘 거야."

"그래도 그렇지, 말 끝나기가 무섭게 벌써부터……."

호걸이가 머리를 긁적이자, 엄마가 다시 소리쳤다.

"빨리! 그리고 엄마 원망할 생각하지 마. 이건 엄마 뜻도 있지만, 분명히 네 입으로 말한 거니까. 알았지?"

"네."

호걸이는 한숨을 푹 쉬며 방으로 들어갔다. 엄마한테 부탁한 게 잘한 일 같기도 하고, 끔찍하게 잘못한 일 같기도 하고, 혼란스럽기 그지없었다.

'하지만 뭐, 정정당당하게 내 실력으로 올백을 맞을 수만 있다면 이 정도는 아무것도 아니지.'

호걸이는 마음을 잡고 수학 문제를 풀기 시작했다. 열한 시가 넘어가자, 졸음이 쏟아졌지만 도전기를 폈다.

〈아무리 안 좋은 일이라도 아무 일도 안 일어나는 것보다 낫다.〉

호걸이는 고개를 끄덕이며 도전기를 쓰기 시작했다.

 ## 호걸이의 도전기 5 과정은 치열하게, 결과는 담담하게

시험이 얼마 남지 않았는데 자꾸 마음이 풀어져서 엄마한테 문어가 되어 달라고 부탁했다. 문어가 물고기를 잡아먹으려고 끊임없이 쫓아다녀서 물고기가 활기차게 살 수 있었다는 글을 읽었기 때문이다. 이제 엄마는 물고기를 쫓는 문어처럼 내가 공부를 잘하고 있는지 못하고 있는지 감시할 것이다. 때때로 싫기도 하겠지만, 기꺼이 받아들이기로 했다. 도전에 성공하기 위해서는 마지막 순간까지 긴장을 늦추지 말아야 하니까. 엄마의 잔소리와 회초리는 이번 도전을 성공으로 이끄는 열쇠가 될 것이다.

 ### 도전 미션을 성공시키기 위한 나만의 방법

1. 긴장이 풀릴 때는 주저없이 문어를 찾을 것. 그리고 문어의 채찍을 달게 받을 것.
2. 짜증이 날 때는 초심으로 돌아가 다시 생각할 것.
3. 결전의 순간에는 마음을 비울 것. 욕심은 실패의 지름길이다.
4. 성공과 실패를 떠나 도전의 전 과정을 돌아보고 정리할 것.
5. 이번 도전에서 잘한 점과 잘못한 점을 꼼꼼히 살피고 다음 도전을 준비할 것.

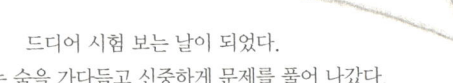

시험 보는 날

드디어 시험 보는 날이 되었다.
호걸이는 숨을 가다듬고 신중하게 문제를 풀어 나갔다.

    엄마는 단순한 문어가 아니었다. 생존 본능에 따라 움직이는 단순한 천적 문어가 아니라, 지능을 가진 인간이었다. 그래서 문어와는 다른 방법으로 호걸이가 공부를 잘해 나갈 수 있도록 만들었다.

    아침에는 경쾌한 음악을 틀어 일찍 일어날 수 있게 도와주고, 학교에 다녀왔을 때는 맛있는 간식을 만들어 놓고 기다렸다. TV에 푹 빠져 있거나 쓸데없이 빈둥대며 시간을 낭비할 때는 정신이 번쩍 들도록 따끔하게 혼을 냈다. 그리고 날마다 계획을 잘 지켰는지 철저하게 감시하고 평가했다.

〈호걸이 계획표〉

엄마의 평가

1. 아침마다 30분씩 일찍 일어나기
→ 20분 일찍 일어남.

2. 하루에 한 과목씩 시험범위 공부하기
→ 교과서는 읽었지만, 문제집은 두 페이지 덜 풀었음.

3. 하루에 한 시간씩 수학 문제 풀기
→ 한 시간 좀 넘게 수학 공부함. 아주 열심히 했음.

4. 교과 내용과 관련된 책 틈틈이 읽기
→ 밥 먹으면서 책 읽다 혼났음.

이런 엄마의 평가는 부담스럽기도 했지만, 잘못한 것을 알아차리고 고쳐나가는 데는 제격이었다. 시간이 지날수록 조금씩 나아지는 게 평가표에 그대로 드러났다. 호걸이는 스스로 계획을 세워 공부하는 것이 축구처럼 즐거운 일이 될 수 있다는 생각을 처음으로 해 보았다.

시험이 이틀 앞으로 다가왔다. 호걸이는 잠시 머리를 식히려고 컴퓨터를 켰다. 그런데 오랜만에 사장님한테 메일이 왔다. 호걸이는 반가운 마음으로 메일을 읽었다.

호걸이에게

그동안 잘 지냈니? 나는 바쁘면서도 즐거운 나날을 보내고 있단다.

곧 회의 시간이 되어 오늘은 간단하게 써야겠구나.

너에게 부탁하고 싶은 게 있어. 도전 결과가 어떻게 되든 도전기는 끝까지 다 채워 소포로 보내달라는 거야. 도전에 실패했다고 해서 도전기까지 내지 않는다면 정말 안타까울 거야. 도전에 성공한 것보다 도전 과정을 더 중요하게 여긴다는 걸 잊지 말고 끝까지 최선을 다해 주었으면 좋겠구나.

그럼 좋은 소식 기다릴게.

안녕.

드디어 시험 보는 날이 되었다. 아이들은 긴장이 되어 숨소리도 크게 내지 않았다. 시험이 시작되자, 교실은 글씨 쓰는 소리와 시험지 넘기는 소리만 들렸다. 호걸이는 숨을 가다듬고 한 문제 한 문제 신중하게 문제를 풀어 나갔다. 대부분 공부한 내용이었고, 어려운 문제는 없었다. 실수만 하지 않는다면 올백도 자신 있었다. 시험지를 낼 때까지 한 번 더 검토하고, 혹시 실수한 것

은 없는지 꼼꼼히 살폈다. 그렇게 1교시, 2교시, 3교시, 4교시. 드디어 시험이 끝났다.

다음 날, 선생님이 채점한 시험지를 나누어 주었다. 혹시 잘못 채점이 되었거나, 점수가 틀리게 나온 경우를 체크하기 위해서였다. 호걸이는 떨리는 마음으로 시험지를 받았다.

국어 96점, 사회 100점, 수학 92점, 과학 100점. 총점 388점. 평균 97점이었다. 호걸이가 아쉬운 마음으로 턱을 괴고 생각에 잠겨 있을 때였다. 시험지를 다시 걷어 정리를 하고 난 선생님이 입을 열었다.

"이번 시험에서 특별히 칭찬받을 만한 어린이가 있다."

아이들은 호기심이 가득 찬 눈으로 선생님을 보았다.

"윤호걸, 우리 반 1등이다. 선생님이 오늘 호걸이를 칭찬하는 이유는 1등을 했기 때문이기도 하지만, 정말 열심히 노력해서 자신의 한계를 넘어섰기 때문이야. 이번 시험을 보기 전에 네 번에 걸쳐 단원평가를 보았는데, 호걸이는 꾸준히 성적이 향상되

었어. 특히 수학은 처음 단원평가 때 60점이었는데, 이번 시험은 92점이야. 어때, 이만하면 박수 한번 쳐 줘야 하지 않겠니?"

아이들이 힘차게 박수를 쳤다. 호걸이는 눈물이 나오려는 걸 꾹 참고 일어나서 선생님과 아이들에게 인사를 했다.

"고맙습니다."

여기저기서 아이들의 떠드는 소리가 들렸다.

"이야, 호걸이 정말 대단하다. '따로'에 스티커 붙인 애들이 떡볶이 사는 거지? 맛있겠다."

"내가 그럴 줄 알았다니까."

"그러게, 나는 몰랐네. 괜히 '따로'에 붙였나 봐. '같이'에 붙이는 건데."

"그러니까 생각을 해야지, 생각을. 생각해 봐. '따로'보다는 '같이'가 훨씬 낫잖아."

선생님은 아이들을 조용히 시키고 수업을 시작했다. 우식이가 손을 들고 질문했다.

"선생님, 수다는 몇 점이에요?"

선생님은 고개를 가로저었다.

"수다도 잘했어. 하지만 점수는 공개하지 않을 거야. 궁금하면

직접 수다에게 물어보도록. 자, 책 펴라."

수다를 제치고 1등이라니, 호걸이는 꿈만 같으면서도 한편으로는 아쉽기도 했다. 국어에서 한 문제, 수학에서 두 문제, 총 세 문제만 더 맞혔으면 올백인데······. 그런데 사실 실수라기보다는 조금 헷갈리는 문제였다.

집으로 돌아와서 도전기에 결과를 적어 넣고 마지막으로 느낌을 한 줄 적었다.

〈나는 이번 도전을 통해 많은 것을 배웠다. 비록 성공하지는 못했지만 아주 의미 있는 시간이었다.〉

도전기를 회사에 보내고 나니 피곤이 몰려왔다.

"그래, 잘했어. 잘한 거야."

스스로를 칭찬하며 침대에 누워 눈을 감았다. 금세 코에서 푸우, 하는 소리가 났다. 가늘게 코를 골 만큼 깊은 잠에 빠져든 것이다.

잠시 후, 호걸이는 전화벨 소리에 잠을 깼다. 엄마가 전화를 받았다.

"여보세요? 응, 호걸이? 자고 있어. 그동안 피곤했는지 곯아떨어졌네."

호걸이는 자기 이름이 나오자 귀가 번쩍 뜨였다.

"글쎄, 우리 호걸이는 워낙 남 얘기하는 애가 아니잖아. 아니, 내 말은 그게 아니고, 호걸이는 누구는 어쩌고 누구는 어쩌고 하면서 비교하는 걸 싫어하거든. 자기 점수만 말하고 수다 얘기는 아예 꺼내지도 않더라. 궁금하긴 하지만 어떡해. 이번 시험 잘 보면 절대 수다랑 비교 안 한다고 약속했는데 내가 참아야지."

수다 얘기를 하는 걸 보니 전화를 건 사람은 수다 엄마 같았다. 엄마는 한참 응, 응, 하며 대답만 하더니 말했다.

"그래, 수다한테 이기려고 공부하는 게 아니라, 자신을 위해서 도전하는 거라나 뭐라나. 그 말 들으니까 미안하기도 하고, 고맙기도 하더라. 이제 다 컸다는 생각도 들고. 응, 그러니까 너도 수다 너무 닦달하지 마. 아이들도 다 생각이 있고, 목표가 있더라니까……. 우리는 그냥 옆에서 지켜보는 게 최고야."

엄마는 조금 있다 전화를 끊었다.

"어머, 내 정신 좀 봐."

엄마가 화들짝 놀라며 부엌으로 가는 소리가 들렸다. 고소하고 달콤한 냄새가 방문 틈으로 솔솔 기어들어왔다. 호걸이는 자리를 박차고 나가며 소리쳤다.

"엄마, 케이크 굽는 거예요?"

엄마가 오븐을 열고 노릇하게 구워진 빵을 꺼내며 대답했다.

"그럼~, 이런 날 축하 케이크가 없으면 분위기가 안 나잖아."

"엄마, 케이크 장식은 저도 도울게요."

호걸이는 휘파람을 불며 손을 씻었다. 이 세상에서 가장 예쁘고 아름다운 케이크를 머릿속에 그리면서, 그리고 즐겁고 행복한 축하 파티가 되기를 기대하면서…….

도전이 아름다운 이유

도전은 스스로 하려는 의지가 가장 중요하니까.
결국 자신의 의지로 한계를 극복하는 일이거든.

여름방학을 며칠 앞둔 어느 날이었다. 해가 넘어가기도 전에 아빠가 퇴근해서 돌아오셨다.

"호걸아, 이게 뭔 줄 아니?"

아빠는 웃옷 안주머니에서 봉투 하나를 꺼내 흔들었다. 호걸이가 가까이 다가가자, 아빠는 손을 들어 봉투를 위로 올렸다. 호걸이는 껑충 뛰어 봉투를 잡으려고 했다.

"아빠, 뭔데 그래요?"

아빠는 빙글빙글 웃으며 봉투를 흔들었다.

"여보, 당신도 알아맞힐 수 있으면 알아맞혀 봐."

엄마는 눈을 가늘게 뜨고 "보너스!" 하고 소리쳤다.

아빠가 고개를 흔들었다.

"거의 맞힐 뻔했는데, 틀렸습니다."

"아이, 뭔데 그래요? 궁금하게."

엄마가 폴짝 뛰어서 봉투를 낚아채려고 했지만, 아빠가 봉투를 더 높이 올렸다. 호걸이가 갑자기 소리쳤다.

"축구장 티켓! 아빠가 언제 국가대표선발전에 데려가 준다고 했잖아요. 맞죠?"

"아닙니다. 티켓은 맞지만 축구장 티켓은 아닙니다."

"그럼 뭐야?"

호걸이와 엄마가 동시에 소리치다 눈이 딱 마주쳤다. 호걸이가 엄마한테 눈짓을 했다. 엄마가 고개를 끄덕였다. 그리고 동시에 아빠 옆구리에 간지럼을 태웠다.

"아~ 아~, 알았어, 알았어."

드디어 아빠가 손을 내리고 봉투 속에서 티켓을 꺼냈다.

"짜잔! 이게 뭐냐 하면 말이야, 비행기표라는 거야."

"비행기표라고요?"

호걸이와 엄마는 동시에 비행기표를 들여다보려다 이마를 쾅

부딪치고 말았다. 하지만 아픈 줄도 몰랐다. 아빠가 말했다.

"8월 3일 인천공항에서 네덜란드 암스테르담으로 가는 거야. 그리고 8월 17일 스웨덴 스톡홀름에서 인천으로 돌아오는 거지. 어때?"

엄마는 어깨를 으쓱하며 뭐가 뭔지 모르겠다는 표정을 지었다.

"회사에서 유럽으로 출장 가는 일은 없을 테고……, 장난하는 것도 아닌 것 같고……."

호걸이는 입이 벙글벙글 벌어지려는 걸 억지로 참으며 물었다.

"그러니까 아빠, 우리가 유럽 여행을 간다는 거죠? 네덜란드와 스웨덴."

아빠가 손을 내밀어 호걸이와 탁 마주쳤다.

"그렇지, 바로 맞혔어. 그밖에 다른 나라는 우리 세 식구가 계획을 짜면 되고. 14박 15일 유럽 여행이야."

호걸이는 좋아서 어쩔 줄 몰랐다. 팔짝팔짝 뛰다가, 빙글빙글 돌다가, 아빠를 끌어안고 뽀뽀까지 하였다. 엄마가 물었다.

"여보, 도대체 무슨 말을 하는 거예요?"

아빠가 소파에 앉으며 말했다.

"자, 자, 진정하고 여기 앉아 봐. 내가 다 이야기해 줄게."

호걸이와 엄마가 소파에 앉자 아빠가 입을 열었다.

"사실 이 모든 일은 호걸이가 해낸 거나 마찬가지야. 아빠는 호걸이가 기억하고 있을 거라고 생각하는데……. 호걸아, 네가 사장님한테 메일 보냈잖아. 아마 2월 말, 그러니까 호걸이 생일 며칠 전 일요일이었을걸."

"아빠가 그걸 어떻게……?"

아빠가 호걸이 손을 잡고 빙그레 웃으며 말했다.

"호걸아, 화내지 마. 사실 그 메일은 아빠가 받았어."

호걸이가 고개를 흔들었다.

"말도 안 돼요. 분명히 사장님한테 보냈는데……."

"아빠도 그걸 잘 모르겠는데 말이야. 왜 사장님한테 쓴 걸 아빠한테 보냈지? 호걸이가 보낸 건 분명히 아빠 메일인데."

호걸이는 너무나 놀라 말도 잘 안 나왔다.

"그, 그러니까, 아, 아빠 명함에 있는 주소를 보고 보낸 건데……, 회, 회사 명함이니까 회사 전화, 회사 주소라 생각하고. 게다가 아이디가 number1이어서……."

아빠가 호걸이 어깨를 툭 쳤다.

"잘했어. 그래서 이렇게 좋은 일도 생겼잖아. 전화는 공동으로 쓰니까 회사 번호 맞지만, 메일은 주소가 각각 있어. number1은 아빠 아이디야."

"그럼 사장님은요?"

"물론 메일 주소가 따로 있지."

엄마가 호걸이와 아빠를 번갈아보며 물었다.

"도대체 무슨 말들을 하는 거예요? 알아듣게 차근차근 말해 봐요. 그러니까 호걸이가 당신 명함을 보고 사장님한테 메일을 보냈는데 당신이 받았다는 거잖아요."

아빠가 대답했다.

"그렇지. 호걸이 메일을 받고 얼마나 놀랐는지 몰라. 이걸 어떻게 해야 하나 고민이 되더라고. 그런데 메일 내용이 굉장히 도전적인 거야. '우리 아빠 월급은 팍팍 올려주고, 승진은 쑥쑥 시켜 주세요. 그리고 일은 조금만 시키세요.' 메일을 읽는데 가슴이 찡하면서 '이게 바로 도전이구나.' 하는 생각이 드는 거야. 그래서 바로 그때 결정을 내렸어. '좋아, 호걸이까지 이렇게 나섰는데, 내가 못할 게 뭐 있겠어. 그리고 도전 프로젝트에 참여하기로 결정한 거야. 그동안의 고민을 호걸이가 한 번에 해결해 준 셈이지."

호걸이가 그때 받은 메일을 생각하는지 눈썹을 가운데로 모으며 물었다.

"그럼 아빠도 회사 다닌 지 십 년이나 된 거예요?"

"그래, 그래서 도전 프로젝트에 참여할 수 있는 기회가 주어졌는데, 도통 뭘 어떻게 해야 할지 모르겠는 거야. 십 년 동안 신제품 개발에만 빠져 있다 보니, 도전 같은 건 엄두를 못 내겠더라고. 그런데도 포기가 안 되는 거야. 도전에 성공하면 이 주일 휴가에 유럽 가족 여행권이 주어지는데 어떻게 포기를 해. 포기를 하자니 아깝고 참여하자니 막막하고."

호걸이가 입을 뾰로통하게 내밀며 말했다.

"그래서 이불을 뒤집어쓰고 누워 계셨던 거군요. 내가 그렇게 생일선물 사러 가자고 졸라도 모른 척하고."

"맞아, 그러다가 네가 사장님한테 보낸 메일을 보고 '아하, 이게 바로 도전이구나!' 했던 거야. 그래서 바로 답장을 썼지. 사장님이 쓴 것처럼 실제 회사에서 하고 있는 도전 보고서 내용을 알려주고, 너도 도전을 하게끔 부추긴 거야. 그리고 나도 도전을 시작한 거지."

"그럼 공책이랑 축구화도 아빠가 보낸 거예요?"

아빠가 고개를 끄덕이자, 호걸이가 혼잣말처럼 중얼거렸다.

"어쩐지 이상하다 했어. 사장님이 어떻게 내가 좋아하는 축구화를 딱 맞혔을까 싶었어요. 그때 눈치를 챘어야 했는데……."

호걸이는 숨을 길게 들이마셨다가 내쉬었다.

"호걸아, 아빠가 사장님인 것처럼 속인 점은 정말 미안해. 하지만 아빠는 호걸이가 있어서 더욱 열심히 할 수 있었어. 사실 그렇잖아. 이 도전은 호걸이로부터 시작되었고, 아빠 혼자 힘으로는 안 되는 거였어."

"그런데 아빠는 무슨 도전을 하신 거……."

호걸이는 묻다 말고 사장님한테 받은 메일이 생각나서 다시 물었다.

"설마 책 읽기 도전?"

아빠가 쑥스러운 듯 이마를 문지르며 말했다.

"그래, 하루 한 시간 책 읽기. 말은 쉽지만 실제로 해내기는 진짜 힘들더라."

"아, 나는 그것도 모르고……."

호걸이가 두 손으로 머리카락을 움켜잡았다.

"그럼 제가 쓴 도전기는요? 회사로 보냈는데……."

"당연히 회사에 냈지. 아빠는 〈도전이 아름다운 이유〉라는 주제로 아빠와 호걸이의 도전을 동시에 시도한 거야. 아빠는 하루 한 시간 이상 책 읽기, 호걸이는 올백 맞기. 그걸 보고서로 작

성했는데, 여기에 아빠와 호걸이의 도전기를 붙여서 같이 냈어. 그게 뽑힌 거야. 아들과 함께 했다는 게 독창적이고, 신선하다는 평가를 받은 거지. 그 결과가 이거고 말

이야."

아빠가 다시 한 번 비행기표를 흔들어 보이며 활짝 웃었다. 호걸이가 고개를 갸웃하더니 볼을 부풀리며 말했다.

"하지만 올백은 제 스스로 선택한 도전이었다고요. 아빠가 시켜서 한 게 아니에요."

"그렇지, 도전은 스스로 하려는 의지가 가장 중요하니까. 누가 시켜서는 절대 할 수 없어. 강요에 의해서 억지로 도전을 하게 만들 수는 있겠지. 하지만 성공하기는 힘들 거야. 도전은 결국 자신의 의지로 한계를 극복하는 일이거든. 그러나 도전을 하는 데는 누군가, 또는 어떤 일이 계기가 될 수는 있어. 무슨 일을 시작하는 원동력 같은 거 말이야. 나는 네가 그 원동력이 되었다고 말하고 있는 거야."

그제야 호걸이 얼굴이 밝아졌다.

"그건 인정해요. 저도 사실은 사장님, 아니 아빠의 메일과 공책 덕분에 자신감을 얻었으니까요. 백 퍼센트 성공은 아니지만……."

아빠가 호걸이 머리를 쓰다듬자, 호걸이는 신바람이 나서 벌떡 일어나더니 만세를 불렀다.

"만세! 만세! 오예!"

엄마도 호걸이를 따라 자리에서 일어나더니 부산을 떨었다.

"이렇게 좋은 날 빨리 파티를 준비해야 하는데……. 호걸이가 좋아하는 생크림 케이크가 있으면 좋을 텐데……. 지금이라도 만들어야 하나 어쩌나……. 당신은 미리 귀띔이라도 했으면 좋았잖아요."

아빠가 말했다.

"그러지 말고, 우리 오랜만에 다같이 외식이나 할까? 아빠가 한턱 쏠게."

"좋아요!"

호걸이가 찬성하자, 엄마 아빠는 나갈 준비를 서둘렀다. 호걸이는 그냥 나갈 수가 없었다. 어쩌다 이런 일이 일어났는지 사장님한테 보낸 메일이라도 확인하고 싶었다. 그래서 컴퓨터를 켜고 메일 창을 열었다.

그런데 뜻밖의 메일이 와 있었다.

〈축하합니다.〉

"뭐지? 모르는 주소인데, 스팸인가?"

호걸이는 고개를 갸웃하며 메일을 열었다. 그런데……, 그건 보통 메일이 아니었다.

"아빠, 아빠, 이것 좀 보세요!"

아빠와 엄마가 깜짝 놀라 달려왔다.

"무슨 일이야?"

"이거, 이거."

호걸이가 말을 잇지 못하며 손가락으로 컴퓨터 화면을 가리켰다. 엄마 아빠가 메일을 보았다. 아빠는 아무 소리도 내지 못하고 입만 떡 벌리고 있었고, 엄마는 볼을 꼬집으며 "아야야!" 하고 소리쳤다.

보내는 사람	J.M.C 도전 프로젝트 담당자 기세환
제목	윤호걸

윤호걸 님께

안녕하세요? (주) J.M.C 도전 프로젝트 담당자 기세환입니다. 좋은 소식이 있어 메일 보냅니다.

그동안 여러 차례에 걸쳐 쓴 도전기를 잘 살펴보았습니다. 회사 창립 이래 어린이가 쓴 이런 도전기는 처음이었습니다. 그런데 그 내용이 아주 재미있고 건전해서 회사 차원에서 여러 사람들에게 널리 알리고 권장하는 게 어떠냐는 의견이 나왔습니다.

그래서 사장님을 비롯하여 회사 간부들이 여러 차례의 회의를 거친 결과, 올해부터 제1회 어린이 도전기를 신설하기로 의견을 모았습니다.

제1회 어린이 도전기로 윤호걸 군의 도전기가 뽑혔고요.

따로 초청장을 보내겠지만, 수상 내역을 알려드립니다.

제27회 도전 프로젝트 당선작 : 개발부 과장 윤영민(상패와 가족 유럽여행권, 2주일 휴가)

제1회 어린이 도전기 당선작 : 소망초등학교 5학년 윤호걸(상패와 사장님의 특별선물 예정)

시상식 : 회사 창립기념일

장소 : (주)J.M.C 대회의실

공식 발표는 2~3일 뒤에 하겠지만, 좋은 소식이라 미리 알려드립니다.

그럼 다시 연락드리겠습니다.

안녕히 계세요.

(주)J.M.C 도전 프로젝트 담당자

기세환 드림.

"야호!"

호걸이가 펄쩍 뛰어 아빠를 끌어안았다. 엄마는 호걸이를 끌어안았다. 아빠는 엄마와 호걸이를 한꺼번에 끌어안았다.

잠시 후, 옷을 갈아입고 나온 엄마가 아직도 이해가 안 되는 게 있다는 듯이 호걸이를 보며 물었다.

"그런데 호걸아, 왜 사장님한테 메일을 보낸 거야? 아빠한테 안 보내고."

"그, 그건……."

호걸이가 아빠 눈치를 살피자, 아빠가 재촉했다.

"그래, 왜 그랬니? 나도 물어보려고 했어."

호걸이가 씩 웃으며 대답했다.

"아빠는 내가 아무리 말해도 안 들어주잖아요. 그러니까 사장님한테 이른 거죠. 혹시 사장님이 제 소원을 들어 주지 않을까 해서요. 헤헤!"

엄마 아빠가 동시에 뒤로 넘어지는 시늉을 했다.

"뭐라고? 하하하, 하하하."

호걸이가 엄마 아빠 팔에 양팔을 끼고 말했다.

"도전은 아름답다. 호걸이의 도전은 계속된다!"

아빠가 호걸이를 따라 말했다.

"도전은 아름답다. 아빠의 도전 또한 계속된다!"

엄마도 질 세라 아빠를 따라 말했다.

"도전은 아름답다. 엄마의 도전은 이제 시작된다!"

"하하하, 하하하……."

호걸이네 집에 웃음꽃이 활짝 피었다.

작 가 의 글

어렵고 힘든 일을 극복하는 힘, '도전'

어렸을 때 나는 해 보고 싶은 게 참 많았어요. 무대에 나가 노래도 부르고, 춤도 추고, 연극도 해 보고 싶었어요. 농구나 배구 같은 운동도 하고 싶었고, 운동회 때는 계주선수로 나가 친구들의 환호를 받으며 힘껏 달려 보고 싶었어요.

그러나 실제로는 아무것도 하지 못했어요. 마음은 꿀떡 같았지만 용기가 나지 않았거든요. 잘 못하면 어쩌나, 떨리면 어쩌나, 부끄러우면 어쩌나……. 걱정만 하다 포기하고 만 거예요.

그때는 내가 하고 싶은 일들을 해내는 게 '도전'이라는 걸 몰랐어요. 도전은 특별한 사람들이 어마어마하게 높은 산을 오르거나, 넓은 바다를 헤엄쳐 건너는 것처럼 인간의 한계를 뛰어넘는 일이라고만 생각했으니까요. 내가 '해 보고 싶은 일'은 도전할 만한 가치가 있는 일이 아니라, 그냥 '해 보고 싶은 일'일 뿐이었던 거지요. 그래서 시작도 하지 않고 포기를 했던 거예요.

지금도 그때 일을 생각하면 무척 아쉬워요. '용기를 내서 도전했다면 얼마나 좋았을까? 잘하고 못하고를 떠나 새로운 재미와 보람을 느낄 수 있었을 텐데…….' 하면서요.

이 책의 주인공 호걸이는 올백에 도전을 해요. 올백은 호걸이가

　오래 전부터 꿈꿔 왔던 일이에요. 하지만 그동안은 입도 뻥긋하지 못했어요. 괜히 책임지지도 못할 말을 꺼냈다가 부모님과 친구들한테 망신을 당하고 싶지 않았거든요. 그러나 도전 목표를 올백으로 정하고 나자 상황이 달라졌어요. 올백은 그냥 '하고 싶은 일'이 아니라 그야말로 도전이니까요. 도전은 아무리 힘들고 어려운 상황에서도 끝까지 포기하지 않고 정면으로 맞서는 거잖아요.

　호걸이는 결코 좌절하거나 포기하고 싶지 않았어요. 그래서 아빠와 함께 시험을 분석하고, 계획을 세우고, 실행에 옮겼어요. 한 발 두 발 계단을 오르듯 실력을 쌓아나갔지요.

　호걸이와 함께 여러분도 도전해 보세요. 관심은 있었지만 두려웠던 일, 해 보고 싶었지만 자신이 없었던 일, 힘들어서 포기했던 일……. 어려우니까 도전이고, 도전이니까 할 수 있다는 믿음을 가지고 부딪쳐 보세요.

　무언가에 도전을 한다는 것은 꿈이 있다는 것이고, 그 꿈을 향해 한 발짝 다가가는 일이랍니다.

햇살이 따사로운 가을날에.　김은의

어린이 자기계발동화 30

어린이를 위한 도전

초판 1쇄 발행 2011년 10월 20일   초판 7쇄 발행 2016년 10월 25일

글 김은의   그림 권송이   펴낸이 연준혁

출판 5분사 편집장 윤지현
책임편집 이주연   디자인 마루·한

펴낸곳 (주)위즈덤하우스   출판등록 2000년 5월 23일 제13-1071호
제조국 대한민국   주소 경기도 고양시 일산동구 정발산로 43-20 센트럴프라자 6층
전화 (031)936-4000   팩스 (031)903-3891
전자우편 scola@wisdomhouse.co.kr   홈페이지 www.wisdomhouse.co.kr

ⓒ김은의, 2011
ISBN 978-89-6086-483-2 74800
ISBN 978-89-6086-081-0 (세트)

이 책은 저작권법에 따라 보호받는 저작물이므로 무단전재와 부단복제를 금지하며,
이 책 내용의 전부 또는 일부를 이용하려면 반드시 저작권자와 (주)위즈덤하우스의 동의를 받아야 합니다.
* 잘못된 책은 바꿔 드립니다.   * 이 책의 사용 연령은 8~13세입니다.

국립중앙도서관 출판시도서목록(CIP)

어린이를 위한 도전: 멈추지 않고 나아가는 힘 / 글: 김은의 ; 그림
권송이. – 고양 : 위즈덤하우스, 2011
    p. ; cm. – (어린이 자기계발동화 ; 30)

ISBN 978-89-6086-483-2 74800 : ₩9000
ISBN 978-89-6086-081-0(세트)

아동훈[兒童訓]
199.4-KDC5   CIP2011004268